UMA INTRODUÇÃO AO RACIOCÍNIO JURÍDICO

UMA INTRODUÇÃO AO RACIOCÍNIO JURÍDICO

Edward H. Levi

Tradução
ENEIDA VIEIRA SANTOS

Revisão da tradução
MARCELO BRANDÃO CIPOLLA

Esta obra foi publicada originalmente em inglês com o título
AN INTRODUCTION TO LEGAL REASONING
por University of Chicago, Chicago, EUA.
Licensed by the University of Chicago Press, Chicago, Illinois, USA.
Copyright © 1949 by the University of Chicago. All rights reserved.
Copyright © 2005, Livraria Martins Fontes Editora Ltda.,
São Paulo, para a presente edição.

1ª edição 2005
2ª edição 2021

Tradução
ENEIDA VIEIRA SANTOS

Revisão da tradução
Marcelo Brandão Cipolla
Acompanhamento editorial
Luzia Aparecida dos Santos
Revisões
Maria Regina Ribeiro Machado
Marise Simões Leal
Dinarte Zorzanelli da Silva
Produção gráfica
Geraldo Alves
Paginação
Studio 3 Desenvolvimento Editorial
Capa
Katia Harumi Terasaka Aniya

Dados Internacionais de Catalogação na Publicação (CIP)
(Câmara Brasileira do Livro, SP, Brasil)

Levi, Edward H., 1911-2000.
 Uma introdução ao raciocínio jurídico / Edward H. Levi ; tradução Eneida Vieira Santos ; revisão da tradução Marcelo Brandão Cipolla. – 2ª ed. – São Paulo : Editora WMF Martins Fontes, 2021. – (Biblioteca jurídica WMF)

Título original: An introduction to legal reasoning.
Bibliografia.
ISBN 978-65-86016-49-9

1. Direito constitucional 2. Hermenêutica (Direito) 3. Jurisprudência 4. Raciocínio I. Santos, Eneida Vieira. II. Cipolla, Marcelo Brandão. III. Título. IV. Série.

21-56059   CDU-340.132.6

Índices para catálogo sistemático:
1. Raciocínio jurídico : Direito   340.132.6

Cibele Maria Dias - Bibliotecária - CRB-8/9427

Todos os direitos desta edição reservados à
Editora WMF Martins Fontes Ltda.
Rua Prof. Laerte Ramos de Carvalho, 133 01325-030 São Paulo SP Brasil
Tel. (11) 3293.8150 e-mail: info@wmfmartinsfontes.com.br
http://www.wmfmartinsfontes.com.br

Índice

Prefácio VII

Capítulo I 1
Capítulo II 13
Capítulo III 45
Capítulo IV 93
Capítulo V 163

Prefácio

Este prefácio propicia apenas uma rápida alusão a três dos principais debates recentes entre juristas. Em primeiro lugar, foi aventada a possibilidade de aplicar aos tribunais de primeira instância a análise desenvolvida neste ensaio. Os exemplos nele mencionados foram retirados, em sua maioria, de casos que, por terem atingido o estágio da apelação, foram submetidos ao processo disciplinar em sua totalidade. Seria oportuno neste momento citar as palavras do juiz Frank em seu livro *Courts on Trial*[1]. Ao discorrer sobre o enfoque aqui adotado, ele afirma que não se dá a devida importância à etapa crucial dos julgamentos voltada para a precisa apuração da veracidade dos fatos. Ele menciona "a dor e a angústia de se gerarem fatos que são comparados a outros, levantados em casos anteriores" e aborda muitos outros fatores inerentes a esta etapa, entre eles os elementos subjetivos, como, por

---

1. Frank, *Courts on Trial*, 321, 325 (1949).

exemplo, a aparência física de uma testemunha ou de uma das partes: a maneira como se trajam pode causar um certo impacto em um jurado encarregado de analisar fatos. O juiz Frank sublinha ainda o elemento discricionário envolvido na categorização de fatos durante o julgamento de primeira instância. Por outro lado, o juiz Dean O'Meara – ao mesmo tempo que destaca os aspectos benéficos que o direito natural proporciona ao exercício da magistratura, por natureza criativo – afirma que o ensaio confere uma ênfase exagerada à liberdade de ação de que dispõe o direito porque, em muitos casos, particularmente aqueles que não chegam ao estágio da apelação ou sequer chegam aos tribunais, "um princípio bem estabelecido, que expresse sentenças anteriores, é capaz de decidir com clareza a controvérsia"[2]. Frank aborda em seu livro o caráter incerto dos fatos levantados no tribunal de primeira instância; Dean O'Meara, se é que entendo bem suas palavras, advoga uma precisão maior do direito nessa mesma fase.

Creio que os estudos sobre o sistema de jurados e sobre a arbitragem[3] que, no momento, são realizados na faculdade de direito da Universidade de Chicago, fornecerão subsídios para que se compreenda

---

2. O'Meara, *Natural Law and Everyday Law*, 5 Natural L. Forum 83, 87 (1960).

3. Kalven, *The Jury, the Law and the Personal Injury Damage Award*, 19 Ohio St. L. J. 158 (1958); Mentschikoff, *Commercial Arbitration*, 61 Col. L. Rev. 846 (1961).

o impacto de alguns fatores subjetivos ou pelo menos colaborarão para que se perceba o quanto é recorrente o fato de uma conjuntura semelhante poder ser vista sob ângulos diversos por aqueles que investigam a veracidade dos fatos e detêm o poder decisório. Espero, no entanto, que se reconheça que o processo descrito neste ensaio trata tanto da determinação ou categorização dos fatos como da legislação. Podemos aceitar o poder de persuasão de um conceito jurídico como uma norma empírica e ele de fato o é, particularmente durante a primeira instância ou em um estágio anterior, e ainda assim podemos admirar-nos diante do extenso leque de possibilidades, mais aberto naquela fase do que na fase de apelação, de formação de juízos sobre o caso, a partir de uma interpretação dos fatos e à luz de um reexame do direito.

Em segundo lugar, o professor Montrose[4] e o sr. Cross[5] tornaram explícito, dentro da estrutura analítica do raciocínio por analogia, o ponto de vista de muitos juízes ingleses, particularmente durante a última década. Para eles, a prática jurídica inglesa moderna restringe a liberdade do juiz inglês e o impede

---

4. Montrose, *Return to Austin's College*, 10, 11 (1960).
5. Cross, *Precedent in English Law*, 207 (1961); cf. *Oxford Essays in Jurisprudence*, 148, 176 (Organizado por Guest, 1961) (Simpson, *The Ratio Decidendi of a Case and the Doctrine of Binding Precedent*, e Guest, *Logic in the Law*); Wasserstrom, *The Judicial Decision*, 50 (1961); Davis, *The Future of Judge-made Public Law in England: A Problem of Practical Jurisprudence*, 61 Col. L. Rev. 201 (1961).

de desconsiderar o raciocínio desenvolvido por tribunais passados. Segundo as palavras do sr. Cross, "em conseqüência da rígida doutrina inglesa do precedente, nossos juízes freqüentemente precisam empreender um verdadeiro esforço para ver o direito com os olhos de seus predecessores". Naturalmente, existem diferenças de estilo na redação de sentenças e no entusiasmo com que os juízes abordam o problema do reexame das conseqüências e dos propósitos das leis[6]. Com certa temeridade, pergunto se a prática real dos juízes ingleses e americanos é tão divergente. Não considero que o dever do juiz americano de julgar o direito como um todo razoavelmente homogêneo, interpretando a lei com seus próprios olhos e não com os olhos de seu predecessor, conduza a um modelo no qual predomina uma completa rejeição ao raciocínio de tribunais anteriores, ou o induza a fazer distinções quando não há um fundamento legítimo para tal. Mesmo admitindo que o caso *Donoghue contra Stevenson* foi submetido a uma câmara de apelação escocesa, me pergunto se, na prática, a visão do juiz inglês está limitada às opiniões de um tribunal anterior, quando o mais sensato seria distinguir as situações. Talvez, ao se estabelecer uma comparação entre os dois sistemas, aconteça com freqüência de se contrapor um setor no qual exista apenas o direito jurisprudencial

---

6. Llewellyn, *The Common Law Tradition* (1960).

a outro no qual esteja presente a interpretação de textos jurídicos. Com relação a este último, cumpre citar lorde Evershed quando afirma que a questão reside em saber se "o poder judiciário deve se investir do papel de legislador, apesar das leis já sancionadas ou em conflito com elas"[7]. Este ensaio expressa a opinião de que, na esfera da interpretação de textos jurídicos, também no sistema americano o juiz subseqüente está amarrado, quando nenhuma questão constitucional está em jogo. A decisão da Suprema Corte dos Estados Unidos, de 1953, que proibiu a aplicação da legislação antitruste ao beisebol, constitui um exemplo fascinante do que foi mencionado acima[8].

Em terceiro lugar, no que tange à esfera constitucional, este ensaio chama a atenção tanto para as mudanças de doutrina quanto para o poder de persuasão das situações semelhantes. Esse poder de persuasão é um reflexo do princípio de igualdade e do impacto do cenário social; em um sentido adequado, ele faz com que a aplicação da lei seja voltada para os resultados. As questões referentes ao dever do tribunal de estruturar a doutrina e antecipar os desdobramentos de um sistema classificatório mutável suscitam temas essenciais do raciocínio jurídico. Sobre este assunto, é oportuno fazer refe-

---

7. Evershed, *The Judicial Process in Twentieth Century England*, 61 Col. L. Rev. 761 (1961).
8. Toolson *v.* New York Yankees, 346 U.S. 356 (1953).

rência às palavras do professor Wechsler, ao defender de maneira polêmica o uso racional, na esfera da interpretação constitucional, de princípios neutros que transcendam o resultado imediato no caso concreto[9].

---

9. Wechsler, *Principles, Politics, and Fundamental Law*, 3 (1961); Hart, Prefácio: *The Time Chart of the Justices*, 73, Harv. L. Rev. 84 (1959); Arnold, *Professor Hart's Theology*, 73 Harv. L. Rev. 1298 (1960); Griswold: *Of Time and Attitudes – Professor Hart and Judge Arnold*, 74 Harv. L. Rev. 81 (1960).

Capítulo I

O objetivo deste ensaio é apresentar uma descrição geral do processo de raciocínio jurídico no campo da jurisprudência e da interpretação das leis e da Constituição. É importante que o mecanismo do raciocínio jurídico não seja eclipsado por sua falsa premissa. Entende-se por falsa premissa a que afirma ser o direito um sistema de regras conhecidas aplicadas por um juiz; tal premissa é há muito contestada[1]. Vale lembrar que as leis nunca são claras. Se uma lei tivesse de ser clara antes de poder ser aplicada, a sociedade não seria viável. O mecanismo do raciocínio jurídico aceita as diferenças de interpretação e o caráter dúbio das palavras. Ele propicia a participação da comunidade na eliminação da dubiedade, ao fornecer um fórum de discussão da prática a ser adotada, valendo-se da brecha proporcionada pela própria ambigüidade. Nas ques-

---

1. Sobre este tópico, o livro de referência é Frank, *Law and the Modern Mind* (1936).

tões controversas sérias, ele possibilita que se dê o primeiro passo em direção ao que, em outras circunstâncias, seria um objetivo inatingível. O mecanismo do raciocínio é indispensável à paz de uma comunidade.

O modelo básico de raciocínio jurídico é o do raciocínio fundamentado em casos similares[2]. Trata-se de um processo dividido em três etapas e norteado pela doutrina do precedente, segundo a qual uma proposição representativa do primeiro caso transforma-se em uma norma jurídica, que é depois aplicada à situação similar seguinte. Os procedimentos são os seguintes: vêem-se similaridades entre dois casos; anuncia-se, a seguir, a norma jurídica inerente ao primeiro caso; a norma jurídica torna-se aplicável ao segundo caso. Este é um método de raciocínio necessário ao direito, mas possui características que, em outras circunstâncias, poderiam ser consideradas imperfeições.

Estas características tornam-se evidentes se o processo jurídico for visto como um método de aplicar normas jurídicas gerais a fatos diversos – em re-

---

2. "Claramente, então, argumentar a partir de casos similares não é o mesmo que raciocinar do particular para o geral, nem que raciocinar do geral para o particular; mas é raciocinar do particular para o particular, quando ambos estão subordinados ao mesmo termo e um deles é conhecido. Este método difere da indução, porque a indução a partir de todos os casos particulares prova... que o termo maior pertence ao termo médio e não aplica a conclusão silogística ao termo menor, enquanto o argumento a partir de casos similares faz esta aplicação e não extrai sua prova de todos os caso particulares." Aristóteles, *Analytica Priora* 69a (edições McKeon, 1941).

sumo, como se a doutrina do precedente significasse que as normas jurídicas gerais, uma vez determinadas apropriadamente, permanecessem imutáveis e então fossem aplicadas, embora de maneira imperfeita, em causas posteriores. Se esta fosse a doutrina, seria perturbador descobrir que as normas mudam conforme a causa e são refeitas para se adequar a uma causa específica. No entanto, esta mudança nas normas é uma qualidade dinâmica indispensável do direito. Ela ocorre porque o âmbito de uma norma jurídica, e, por conseguinte, seu significado, depende de se determinar quais fatos serão considerados similares aos fatos ocorridos quando a lei foi promulgada pela primeira vez. A descoberta de similaridades ou diferenças é o passo principal do processo legal.

A determinação de similaridades ou diferenças é a função de cada juiz. Quando se trata de direito jurisprudencial, e não existem leis já estabelecidas, um determinado juiz não está delimitado à norma jurídica mencionada pelo juiz anterior mesmo no caso regulador. Esta menção é um mero *dictum**, e isto significa que o juiz da causa atual pode achar irrelevante a existência ou ausência de fatos que juízes anteriores julgaram importantes[3]. Não é o que o juiz anterior pretendia que tem alguma importância; ao contrário: é o que o juiz atual, tentando ver o direito

---

* Forma abreviada de *obiter dictum* (comentário incidental do juiz, sem força de precedente. No plural, *dicta*. (N. da T.)

3. Mas cf. Goodhart, *Determining the Ratio Decidendi of a Case*, 40 Yale L.J. 161 (1930).

como um todo bastante homogêneo, considera que deve ser a classificação determinante. Ao proferir sua sentença, ele irá ignorar o que seu antecessor julgou importante; irá enfatizar fatos que os juízes anteriores teriam achado irrelevantes. Não se trata de afirmar que ele não conseguiu enxergar o direito com olhos alheios, pois poderia ao menos tentar fazê-lo. O que pesa é que a doutrina do *dictum* o força a tomar sua própria decisão[4].

Assim, não se pode dizer que o processo jurídico é a aplicação de normas jurídicas conhecidas a fatos diversos. No entanto, não deixa de ser um conjunto de normas, que são descobertas durante o processo de se determinarem similaridades e diferenças. Mas, se a atenção se volta para a descoberta da similaridade e da diferença, outras peculiaridades surgem. O problema para o direito é: em que casos será justo tratar causas diferentes como se fossem iguais? Um sistema jurídico eficiente deve, portanto, ter como objetivo selecionar as similaridades principais e concluir a partir delas, por raciocínio, o quão justa seria a aplicação de uma classificação comum. A existência de alguns fatos em comum põe em ação a norma jurídica geral. Se isto é de fato um raciocínio, então, pelos padrões comuns (concebidos como elementos de sistemas fechados), trata-se de um raciocínio imperfeito, a menos que uma norma de caráter abrangente tenha estabelecido que esta similaridade co-

---

4. Cf. *The Philosophy of the Act* 81, 92-102 (1938).

mum e determinável deva ser decisiva. Mas esta norma fixa anterior não existe. Poder-se-ia dizer que aí não há raciocínio algum; ou seja, que não se chegou a nenhuma idéia nova por intermédio de uma comparação de casos. Mas parece que há um raciocínio aí; a conclusão é tirada por intermédio de um processo e não era imediatamente visível. Parece melhor dizer que há raciocínio, mas que ele é imperfeito[5].

Por conseguinte, parece que o tipo de raciocínio pertinente ao processo jurídico é aquele no qual a classificação muda à medida que é formulada. As normas mudam à medida que são aplicadas. Mais importante do que isso, as normas jurídicas originam-se de um processo que as cria para, em seguida, as adequar, ao mesmo tempo que compara situações de fato. Mas este tipo de raciocínio está sujeito a críticas, pois considera iguais coisas que são um tanto diferentes e justifica tal classificação por intermédio de leis que foram formuladas durante o processo de raciocínio ou de classificação. De certa maneira, todo raciocínio é deste tipo[6], mas existe uma condição adicional que obriga o processo legal a ter tal feição. Não só surgem novas situações como também as necessidades das pessoas mudam. As categorias usadas no processo jurídico têm de permanecer ambíguas para permitir a infusão de novas idéias. E isto é váli-

---

5. A falácia lógica é a falácia do meio não distribuído ou a falácia de assumir que o antecedente é verdadeiro porque o conseqüente o foi.

6. Dewey, *Logic, The Theory of Inquiry*, capítulo 6 (1938); cf. Pareto, *The Mind and Society*, § 894 (1935); Arnold, *The Folklore of Capitalism*, capítulo 7 (1937).

do até nos casos em que a legislação ou uma constituição estão envolvidas. As palavras usadas pelo poder legislativo ou pela assembléia constituinte têm de estar abertas a novos significados. Além do mais, um acordo em qualquer outra base seria impossível. Desta maneira, as leis passam a expressar o pensamento da comunidade, e mesmo quando são formuladas em termos gerais, em estatuto ou constituição, são ajustadas ao caso específico.

Mas deve-se prestar atenção ao processo. Discutir se o direito é incontestável, imutável e expresso em leis ou se é contestável e mutável e não passa de uma simples técnica para decidir causas específicas é se afastar do ponto central. O direito é tudo isso. Tampouco é proveitoso tratar o processo como se ele fosse um mistério maravilhoso, talvez capaz de refletir uma ordem superior, por intermédio da qual o direito pode mudar e ainda assim continuar o mesmo. O fórum jurídico constitui a demonstração mais explícita do mecanismo que um sistema de classificação mutável requer. A tradição do direito pode decidir ignorar as imperfeições do raciocínio jurídico[7], mas o próprio fórum já se ocupou delas.

O que o fórum exige? Exige a apresentação de exemplos antagônicos. Ele protege as partes e a comunidade ao certificar-se de que as analogias pos-

---

7. "A tese de que as leis podem ser obedecidas, mesmo quando estão em processo de desenvolvimento, costuma estar além da compreensão dos juristas." Cohen e Nagel, *An Introduction to Logic and Scientific Method* 371 (1934); ver Stone, *The Province and Function of Law* 140-206 (1946).

tas em conflito sejam apresentadas aos tribunais. A norma jurídica surge de um processo que estabelece a seguinte premissa: se coisas diferentes devem ser tratadas como semelhantes, pelo menos constatou-se a existência de diferenças[8]. Neste sentido, tanto as partes como o tribunal participam da redação da legislação. Também neste sentido, os advogados representam mais do que as partes litigantes.

O raciocínio por comparação de casos, ou seja, por analogia, é uma solução para muitas questões na esfera do direito. Ele explica em parte a autoridade e a influência que o processo jurídico tem sobre os litigantes, porque estes participaram do processo legislativo e, portanto, estão presos por algo que ajudaram a criar. Além do mais, os exemplos ou as analogias apresentados pelas partes introduzem no direito os conceitos coletivos da sociedade. Tais conceitos, já discutidos, têm a chance de retornar ao tribunal para uma nova avaliação. É este ciclo que torna justo um julgamento, e não a crença na total imparcialidade de um juiz, pois, naturalmente, ele não pode ser absolutamente imparcial. Acrescenta-se a isto o fato de que o julgamento, de um certo modo, induz a uma participação de todos os cida-

---

8. O raciocínio pode assumir o seguinte formato: A encaixa-se mais apropriadamente em B do que em C. Isto acontece porque A é mais parecido com D que pertence a B, do que é parecido com E, que pertence a C. Já que A está em B e B está em G (conceito legal), então A está em G. Mas talvez C esteja também em G. Se é assim, então B está em um segmento decisivamente diferente de G, porque B é como H que está em G e tem um resultado diferente de C.

dãos (no mínimo de maneira vicária), pois a norma jurídica que é produzida, mesmo sendo ambígua, será lei para eles.

O raciocínio por analogia mostra o papel decisivo que as idéias coletivas da sociedade e as distinções apontadas por especialistas exercem na feitura da lei. É possível acompanhar a introdução na lei de conceitos formulados por leigos ou por profissionais. Seu percurso pode ser assim descrito: ao se debaterem diferenças e similaridades nasce a sugestão de um determinado conceito, que é registrada em um memorial, mas não consegue a aprovação do tribunal; o conceito alcança prestígio na sociedade; volta então a ser sugerido ao tribunal. O tribunal desta vez reinterpreta o caso anterior e, em conseqüência, adota o conceito rejeitado. Em casos subseqüentes, o conceito recebe uma definição adicional e é vinculado a outros conceitos que foram aceitos por tribunais. Já não é mais o conceito unânime de toda a sociedade. Passa a sofrer modificações nos casos subseqüentes. Aqueles que a princípio foram rejeitados, mas que ganharam uma aceitação gradual, agora substituem o que antes havia se tornado uma categoria jurídica do sistema ou o convertem em algo que pode ser seu oposto. Corretos ou não, os conceitos emanados da comunidade e das ciências sociais passam a controlar as decisões legais à medida que são aceitos. Conceitos errôneos, evidentemente, têm exercido um papel muito grande na configuração do direito. Ao ser adotado por um tribunal, um conceito torna-se capaz de influenciar a conduta e a opinião da comunidade; os juízes, afinal de contas, são os que têm o poder decisório. E a adoção de um conceito por um tribunal reflete a estrutura do poder na comunidade. Mas o raciocínio por analogia irá funcionar também para promover uma mudança no conceito depois de ele ter sido adotado.

Além do mais, o raciocínio por analogia coloca em destaque similaridades e diferenças importantes na interpretação do direito jurisprudencial, das leis e da Constituição de uma nação. Só o folclore justifica a crença na tese de que uma lei, se redigida com clareza, é inquestionável e pode ser aplicada segundo seu propósito a um caso específico. Feliz ou infelizmente, a ambigüidade é inevitável tanto nas leis e na constituição quanto no direito jurisprudencial. Por conseguinte, o raciocínio por analogia opera nos três segmentos. Mas existem diferenças importantes. O que um tribunal diz é um *dictum*, mas o que uma legislatura diz é lei. A referência do raciocínio muda. Quando se lida com uma lei, a interpretação da intenção é o modo de descrever a tentativa de comparar casos com base no modelo considerado consensual no momento em que a legislação foi aprovada. Embora seja este o intuito, é provável que, de início, não se atinja um resultado diferente daquele que seria obtido se o modelo do juiz tivesse sido usado explicitamente. No entanto, as ponderações do juiz têm como alvo descrever uma categoria proposta pela legislatura. Estas ponderações são diferentes das *dicta* ordinárias, pois estabelecem o curso da lei. Os raciocínios posteriores aplicados a casos subseqüentes estão vinculados a elas. Como conseqüência, os tribunais têm menos liberdade para aplicar uma lei do que para lidar com o direito jurisprudencial. Os fundamentos atuais para esta restrição de liberdade residem na idéia de que a legislatura concordou, por intermédio de um silêncio legislativo, com a interpretação anterior, embora errônea, do tribunal. Mas a mudança de raciocínio, no que diz respeito à legislação, parece uma conseqüência inevitável da divisão de função entre o tribunal e a legislatura, e, paradoxalmente, um reconhecimento também da impossibilidade de determinar a intenção legislativa. Os obstáculos à liberdade de um tribunal para interpretar a legislação refletem-se em apelos freqüentes à Constituição, como uma justificativa necessária para se declarar a inaplicabilidade de certos precedentes, mesmo quando se entende que estes fizeram uma interpretação errônea da legislação.

A experiência dos Estados Unidos, ao contrário do que às vezes se crê em relação aos países que têm uma constituição escrita, mostra que os tribunais dispõem de uma liberdade maior no que tange à interpretação constitucional do que nos casos em que precisam aplicar uma lei ou o direito jurisprudencial. Com relação a este último, quando um juiz define a similaridade determinante entre o caso presente e o anterior, o caso fica decidido. O juiz não se sente livre para ignorar os resultados de um grande número de casos que ele não pode explicar à luz de uma norma que sofreu emendas. Em se tratando de legislação, um caso é considerado encerrado quando, ao se interpretar a lei, e se compararem os fatos, constata-se que a interpretação anterior o abrange, mesmo que ela tenha sido equivocada. Mas o mesmo não acontece com a constituição. A constituição organiza os ideais conflitantes da comunidade, valendo-se de certas categorias ambíguas[9]. Essas categorias trazem consigo conceitos satélites que abrangem as áreas da ambigüidade. É com um conjunto desses conceitos satélites que o raciocínio por analogia deve funcionar. Mas nenhum conceito satélite, por mais bem desenvolvido que seja, pode impedir o tribunal de mudar seu curso, não só reestruturando casos que impõem certas restrições, mas também ultrapassando esta reestruturação e retornando à ambígua categoria geral inserida no documento. Em outras palavras, a constituição permite que o tribunal seja incoerente. A liberdade disfarça-se em uma busca pela intenção da assembléia constituinte ou em uma compreensão adequada de um instrumento vivo ou em ambas as possibilidades. Mas isto não invalida a importância do raciocínio por analogia na esfera da interpretação constitucional.

---

9. Cf. Myrdal, *An American Dilemma*, capítulo I (1944); Dicey, *Law of the Constitution* 126, 146 (9.ª ed., 1939).

Capítulo II

Pode-se objetar que esta análise do raciocínio jurídico coloca uma ênfase exagerada na comparação de casos e pouca ênfase nos conceitos legais que são criados. É verdade que a similaridade é definida por uma identidade de palavras, e a impossibilidade de se encontrar uma palavra já pronta e disponível que expresse similaridade ou diferença pode impedir mudanças na lei. As palavras encontradas no passado são de uso corrente, adquiriram uma dignidade própria e, em uma medida considerável, controlam os resultados. Como afirma o juiz Cardozo, ao discorrer sobre o uso das metáforas, o objetivo inicial do uso de determinada palavra é libertar o pensamento, mas, contraditoriamente, ela termina por escravizá-lo[1]. O caráter dinâmico dos conceitos – que são inseridos na lei e dela retirados – exemplifica essa questão. Quando a sociedade começa a ver determinadas similaridades significati-

---

1. Berkey *v.* Third Ave. Ry. Co., 244 N.Y. 84, 94, 155 N.E. 58, 61 (1926).

vas, ou diferenças, a comparação surge com uma palavra. Quando a palavra é finalmente encontrada, ela se torna um conceito jurídico. Seu significado continua a mudar. Mas a comparação não se restringe apenas a cotejar o caso em questão com os exemplos que foram de fato incluídos no campo semântico da palavra em questão; a comparação trabalha também com as hipóteses que a própria palavra sugere. Assim, a conotação da palavra exerce durante algum tempo uma influência restritiva – a tal ponto que o raciocínio pode até parecer simplesmente dedutivo.

Mas ele não é simplesmente dedutivo. A longo prazo, um movimento circular pode ser observado. O primeiro estágio é a criação do conceito jurídico que é construído à medida que os casos são comparados. Durante este período o tribunal tenta encontrar a expressão ideal. Várias podem ser tentadas; mesmo o uso equivocado ou a má interpretação das palavras podem ter um efeito. O conceito é associado a outro e, então, migra-se para o segundo conceito. O segundo estágio é o período em que o conceito é mais ou menos fixo, embora o raciocínio por analogia continue a classificar itens dentro e fora do conceito. O terceiro estágio é aquele em que se deixa de lado o conceito, já que o raciocínio por analogia avançou de tal modo que torne claro que a influência sugestiva do vocábulo não é mais desejada.

O processo pode trazer constrangimento aos juízes e advogados, pois contraria a premissa do sistema. Parece inevitável, portanto, que quando as questões de tipo se dissipam em questões de grau e, em seguida, significados inteiramente novos surgem, haverá a tentativa de escapar para alguma norma jurídica geral que possa dar a impressão de ter sempre funcionado e que irá fazer o raciocínio parecer dedutivo. Tal norma será inútil. Ela terá de operar em um nível no qual não tem nenhum significado[2]. Mesmo quando louvores insinceros lhe são dirigidos, toma-se o cuidado de dizer que ela pode ser ampla demais ou restrita demais mas que, mesmo assim, é uma norma bem elaborada. A enunciação de uma norma jurídica é mais ou menos análoga à invocação do significado de uma lei ou de uma constituição, mas tem uma função menor a exercer. Trata-se de um expediente conhecido como dourar a pílula. Particularmente quando um conceito sofreu uma ruptura e o raciocínio por analogia está prestes a construir outro, os autores de livros de direito, bem cientes do caráter irreal das antigas normas, enunciarão outras, igualmente ambíguas e sem sentido, esquecendo que o processo jurídico não funciona com a norma jurídica e sim em um nível muito mais baixo.

    O caráter dinâmico dos conceitos jurídicos no direito jurisprudencial tem sido freqüentemente demonstrado tomando-se como exemplo a modificação da assim chamada norma da "periculosidade

---

[2]. Ver 3 Mill, *A System of Logic*, capítulo 1, § 2 (1887).

intrínseca"³. É fácil fazer isso porque a opinião expressa em *MacPherson contra Buick Motor Co.*⁴ é obra de um juiz possuidor de grande acuidade mental e capacidade de articulação. Mas *MacPherson contra Buick Motor Co.* foi apenas uma parte de um movimento cíclico no qual as diferenças e similaridades antes rejeitadas são em seguida adotadas e mais tarde abandonadas. A descrição do movimento pode servir como um exemplo de jurisprudência. Em linhas gerais, o problema chegou ao seguinte enunciado: qual é a responsabilidade potencial do vendedor de um artigo que causa danos físicos a uma pessoa que não o adquiriu das mãos desse mesmo vendedor? Em épocas recentes, podemos encontrar as três fases do movimento dos conceitos usados na administração do problema.

A primeira delas tem suas origens em 1816 e nos conduz ao ano de 1851. Começa com uma espingarda carregada e termina com uma lâmpada que ex-

---

3. O conceito foi usado para a precisa demonstração pretendida aqui: Radin, *Case Law and Stare Decisis: Concerning Prajudizienrecht in Amerika,* 33 Col. L. Ver. 199 (1933); Llewellyn, *The Status of the Rule of Judicial Precedent,* 14 U. of Cin. L. Rev. 208 (1940); cf. Pound, *What of Stare Decisis?* 10 Fordham L. Rev. 1 (1941). Relacionado ao problema geral, ver também Fuller, *Reason and Fiat in Case Law,* 59 Harv. L. Rev. 376 (1946); Llewellyn, *The Rule of Law in Our Case Law of Contract,* 47 Yale L. J. 1243 (1938); Llewellyn, *On Our Case Law of Contract: Offer and Acceptance,* I 48 Yale L. J. 1 (1938); Lobingier, *Precedent in Past and Present Legal Systems,* 44 Mich. L. Rev. 955 (1946); Rheinstein, *The Place of Wrong: A Study in the Method of Case Law,* 19 Tulane L. Rev. 4 (1944); cf. Republic of Mexico *v.* Hoffman, 324 U.S. 30 (1945).

4. 217 N.Y. 382, III N.E. 1050 (1916); ver Parker, *Attorneys of Law,* capítulo 8 (1942).

plode. A arma carregada imputou responsabilidade criminal a seu dono no caso *Dixon contra Bell*[5]. Ele havia mandado a criada de 13 ou 14 anos pegar a arma; ao brincar com a arma, a jovem disparou um tiro acidental no rosto do filho do queixoso, que perdeu o olho direito e dois dentes. Embora tenha estipulado uma indenização ao queixoso, Lorde Ellenborough não se aventurou a elaborar uma classificação geral das mercadorias perigosas. Satisfez-se em descrever a arma como algo que "por falta de cuidado (...) foi posta numa situação capaz de causar dano"[6]. A classificação de mercadorias nocivas por falta de cuidado passa a ser a referência para o caso seguinte.

A trama começa a complicar-se em 1837 no caso *Langridge contra Levy*[7], que envolve a venda de uma arma defeituosa. Um querelante acusou o réu de ter vendido a seu pai uma arma defeituosa para uso próprio e de seu filhos. A arma havia explodido na mão do querelante. O tribunal concedeu a indenização requerida, aparentemente com base na teoria de que o vendedor havia emitido uma declaração falsa ao garantir que a arma era segura quando sabia que era defeituosa, e havia vendido a arma ao pai sabendo que seria usada pelo queixoso. Tratava-se, portanto, de um caso de fraude e, em um certo

---

5. Maule & Selwyn 198 (1816).
6. *Ibid*., em 199.
7. 2 Meeson & Welsby 519 (1837).

sentido, de negociação direta entre o vendedor e o querelante. O exemplo usado pelo tribunal foi o caso de uma venda direta ao querelante ou o caso em que o instrumento havia sido "colocado nas mãos de um terceiro com o propósito de ser entregue ao querelante e em seguida usado por ele"[8]. A teoria da negociação direta é também enfatizada na declaração de um dos juízes que participava da discussão do caso. Segundo ele, a situação do querelante seria mais vantajosa se ele tivesse alegado que seu pai "havia sido um agente inconsciente na transação" porque "o ato de um agente inconsciente é responsabilidade de quem o levou a agir"[9].

Durante o pleito do caso *Langridge contra Levy*, o advogado do réu, ou seja, de Levy, chamou a atenção para a diferença de significado entre as expressões "objetos imediatamente perigosos ou nocivos pelo ato praticado pelo acusado" e "objetos passíveis de assim se tornarem, por algum ato posterior a ser praticado quando de seu uso"[10]. Tal alegação trouxe à baila o que poderia ser considerado o modelo sugerido pelo caso *Dixon contra Bell*. Mas o tribunal re-

---

8. *Ibid.*, p. 531.
9. Alderson, B., *ibid.*, p. 525.
10. *Ibid.*, p. 528; note-se também o caso hipotético apresentado pelo advogado do querelante no caso Langridge v. Levy, conforme publicado em 6 L. J. (N. S.). Ex. 137, 138 (1837). Tome-se por hipótese o caso de um farmacêutico que manda entregar um remédio errado; a pessoa que recebe o medicamento o guarda em um armário. Mais tarde, uma terceira pessoa toma o remédio em questão e, em conseqüência disso, adoece. Pode-se afirmar que a vítima do erro do farmacêutico não tem direito de processá-lo?

jeitou o emprego da distinção entre as expressões mencionadas acima, embora tivesse feito constar a ressalva de que a arma não era "em si perigosa, mas (...) requer que uma providência seja tomada, isto é, que seja carregada para que assim se torne". O tribunal não apenas rejeitou a distinção mas negou-se também a admitir a categoria de mercadorias perigosas porque "é necessário refletir antes de abrir um precedente que daria margem a uma ação contra vendedores, mesmo aqueles que vendem instrumentos e objetos dotados de uma periculosidade intrínseca, que poderia ser impetrada por qualquer pessoa ferida por tais instrumentos ou objetos"[11].

No entanto, a categoria de artigos perigosos e a distinção entre coisas de natureza perigosa e aquelas que assim podem se tornar se fabricadas de maneira inadequada (o que não é necessariamente o mesmo que requerer um gesto adicional para torná-las perigosas) voltaram a ser apresentadas ao tribunal cinco anos mais tarde no caso *Winterbottom contra Wright*[12]. O tribunal negou-se a dar um veredicto favorável a um cocheiro que processava um fabricante de carruagens por ter fornecido, sob contrato, um veículo defeituoso ao superintendente geral dos Correios. Durante uma viagem de Hartford a Holyhead o querelante havia sofrido um grave acidente que o deixaria aleijado para o resto da vida. Era

---

11. *Ibid.*, p. 530.
12. 10 Meeson & Welsby 109 (1842).

ele o condutor da carruagem usada na viagem em questão, que, ao quebrar repentinamente devido a um defeito não manifesto anteriormente, fez com que ele fosse arremessado de seu assento. A indenização lhe foi negada porque o ato de estender a responsabilidade a esse ponto levaria a "conseqüências absurdas e abusivas". O tribunal recusou-se inclusive a discutir se a carruagem defeituosa seria ou não uma arma de natureza perigosa, apesar de o advogado do réu ter se mostrado disposto a reconhecer a existência de uma lei especial que qualificava a responsabilidade naquela categoria. E quanto à aplicação do caso *Langridge contra Levy*, considerou-se que a comparação não era pertinente porque no referido caso houve um "dolo evidente" e o querelante "era de fato e substancialmente a parte contratante". O tribunal contestou a existência de similaridade no conceito de fraude baseado no fato de que o réu supunha ter vendido uma carruagem em perfeitas condições e ignorava que não fosse segura. Considerou ainda que, com relação ao conceito de negociação direta, que no caso *Langridge contra Levy* "nada indicava que o réu tinha ciência da existência do filho do querelante, que veio a se ferir", ao passo que, neste caso, a carruagem "era necessariamente conduzida por um cocheiro"[13]. O argumento adicional de que o querelante não teve oportunidade de verificar se a carruagem estava em perfeitas condições

---

13. *Ibid.*, p. 112.

de segurança não foi considerado suficiente para fundamentar a culpa.

Finalmente, em 1851, no caso *Longmeid contra Holliday*[14] , o conceito de objetos de periculosidade intrínseca, duas vezes apresentado em juízo e duas vezes rejeitado, terminou por se impor. Longmeid havia comprado de Holliday uma lâmpada para uso próprio e de sua esposa. Holliday, comerciante e réu no caso em questão, havia solicitado a outrem a montagem do artefato, utilizando-se de peças por ele adquiridas, e, em seguida, o havia batizado de "Lâmpada patenteada Holliday". A lâmpada explodiu no momento em que Eliza Longmeid, esposa e querelante, tentou acendê-la. Em decorrência da explosão, houve um derramamento de nafta sobre seu corpo, causando-lhe queimaduras. O pedido de indenização por perdas e danos foi rechaçado pelo tribunal. Não ficou provado que o réu sabia que a lâmpada era imprópria para uso e, ainda assim, garantira tratar-se de um artefato seguro. E a lâmpada não era perigosa por natureza. Ao examinar casos dessa natureza, em que um terceiro, que não participou do contrato, poderia requerer indenização, o tribunal assim se pronunciou:

> O mesmo pode ocorrer quando qualquer indivíduo entrega a outro, sem preveni-lo, um instrumento de natureza perigosa, ou um instrumento que seja

---

14. 155 Eng. Rep. 752 (1851).

perigoso em determinadas circunstâncias, como uma arma carregada, que ele próprio carregou, e quando a pessoa a quem a arma é entregue, por conseguinte, acaba por se ferir, ou se este primeiro indivíduo coloca tal instrumento em local de fácil acesso a um terceiro, que sofre danos acarretados por este gesto. Um caso muito importante a este respeito é o caso *Dixon contra Bell*. Mas seria ir longe demais afirmar que na vida cotidiana seja necessária tanta cautela nas relações humanas que, se uma pessoa (mesmo o fabricante) empresta ou dá a outra um objeto cuja natureza não representa nenhum perigo – uma carruagem, por exemplo –, mas que poderia tornar-se perigoso devido a um defeito não constatado e totalmente ignorado, embora passível de ser detectado no uso diário, a primeira deve responder legalmente perante a segunda por danos subseqüentes advindos de seu uso.[15]

Assim a doutrina da distinção entre coisas de periculosidade intrínseca e as que podem assim se tornar devido a algum defeito latente desconhecido é formulada como uma maneira de explicar a diferença entre uma arma carregada (que sob a regra, no entanto, é explicada como uma circunstância particular) e uma lâmpada defeituosa. Aplicada ao caso, a doutrina classifica a lâmpada como perigosa apenas por intermédio de um defeito latente e resulta em ausência de responsabilidade. Mas o tribunal poderia ter

---

15. *Ibid.*, p. 755. O parecer é assinado por Parke, B.

encontrado na compra de uma lâmpada para uso do comprador e de sua esposa um exemplo idêntico de negociação direta, como o que caracteriza o caso da compra de uma espingarda para uso do comprador e de seus filhos. Sob a regra como foi formulada, uma carruagem não é por natureza algo perigoso.

A segunda fase do desenvolvimento da doutrina de artigos perigosos é o período durante o qual a regra promulgada no caso *Longmeid* é aplicada. A fase começa com um frasco de um veneno cujo rótulo foi trocado e termina com um automóvel defeituoso. Durante este tempo também há a tentativa inevitável de se elevar sobre os casos e achar alguma lei geral maravilhosa que possa classificar os casos como se o modelo não fosse realmente mutável.

Foi a compra de beladona, erroneamente rotulada de extrato de dente-de-leão, que, no caso *Thomas contra Winchester*[16], em 1852, produziu a primeira aplicação e reformulação da regra promulgada no caso *Longmeid*. O veneno havia sido comprado na farmácia do dr. Foord, mas, ao ser engarrafado, recebeu um rótulo errado na loja do réu Winchester – provavelmente por negligência de seu empregado. A sra. Thomas, que tomou o que acreditava ser extrato de dente-de-leão, sofreu uma reação adversa. Sentiu "calafrios, extremidades frias e batimentos cardíacos fracos, espasmos musculares, tonteiras, dilatação das pupilas e confusão mental". Ela ga-

---

16. 6 N.Y. 397 (1852).

nhou o processo contra Winchester e teve direito a uma indenização. A negligência do réu havia "posto uma vida humana em risco iminente". O tribunal esclareceu que não houve risco iminente de tais proporções no caso *Winterbottom*. As circunstâncias que cercaram o caso guardavam uma semelhança maior com o episódio da arma carregada, no caso *Dixon contra Bell*. A categoria de risco iminente não incluiria uma carruagem defeituosa mas na certa incluía o veneno.

Um exame retrospectivo apontaria hoje para a provável conclusão de que a categoria de coisas de periculosidade intrínseca ou passíveis de apresentar perigo iminente não tardou a abarcar um xampu de qualidade duvidosa. No caso *George contra Skivington*[17], de 1869, um químico que havia elaborado uma fórmula secreta de xampu foi processado pela esposa do comprador do produto por estragos causados em seus cabelos após a lavagem com a substância. Mas o tribunal deliberou a questão sem fazer nenhuma alusão explícita à categoria de risco iminente. Limitou-se a traçar um paralelo entre a falha de um xampu e a falha de uma espingarda no caso *Langridge*. A decisão do tribunal foi ignorar a insistência, quando do caso *Langridge*, no suposto fato de que o vendedor da arma sabia que ela apresentava defeitos e não se pronunciou sobre eles. Asseverou: "substitua-se a palavra 'dolo' por negligência; a analogia

---

17. 5 L.R. Ex. 1 (1869).

com *Langridge contra Levy* fica assim evidente e este caso está encerrado". E quanto ao caso da lâmpada defeituosa, no qual não foi caracterizada a culpa, foi diferente porque não houve negligência. Ao construir um paradigma para os casos, parece que armas carregadas, armas defeituosas, venenos e, desta vez, um xampu, foram enquadrados na mesma categoria de coisas passíveis de acarretar perigo iminente. Carruagens defeituosas e lâmpadas não foram incluídas.

No ano seguinte soube-se que o balanceiro de uma serra dentada não apresentava perigo iminente. O tribunal de Nova York declarou: "Veneno é um objeto perigoso. Pólvora, idem. Um torpedo é um instrumento perigoso, assim como o são uma pistola de elástico, um rifle carregado ou qualquer outro objeto similar (...). Entretanto, não é assim considerada uma roda de ferro, de poucos pés de diâmetro e poucas polegadas de espessura, conquanto uma parte possa ser mais fraca que uma outra. Se o artigo sofrer desgaste por uso prolongado ou se for submetido a excesso de peso ou velocidade, é possível que ocorram ferimentos em seu usuário, assim como podem provocar ferimentos uma roda de carruagem comum, um eixo de uma carruagem ou uma simples cadeira sobre a qual sentamos."[18] Ao aplicar a categoria de perigo iminente para negar que existia responsabilidade, o tribunal de Nova York aproveitou

---

18. Loop *v.* Litchfield, 42 N.Y. pp. 351 e 359 (1870).

para dar uma ênfase até certo ponto nova ao caso *Thomas contra Winchester*. Segundo o tribunal, "a sentença no caso *Thomas contra Winchester* baseou-se no conceito de que a venda negligente de substâncias venenosas é uma transgressão passível de punição, tanto no direito consuetudinário como no direito legislado". E certamente tal argumentação poderia ser contestada. De qualquer maneira, três anos mais tarde o tribunal de Nova York afirmou que seu veredicto no caso do balanceiro demonstrou que o caso *Thomas contra Winchester* não poderia resultar em imputação de responsabilidade em um caso em que uma caldeira explodiu[19]. Mas a categoria de periculosidade iminente recebeu um novo membro em 1882, quando o construtor de um andaime de trinta metros de altura, que seria usado na pintura do domo do Palácio da Justiça, foi considerado culpado da morte de um pintor quando a prancha cedeu[20]. No entanto, se um andaime defeituoso foi incluído, o tribunal seguiu a tradição ao decretar que uma carruagem defeituosa estava excluída.

Na Inglaterra, um andaime defeituoso também foi incluído na categoria. O querelante do caso *Heaven contra Pender*[21] era um pintor de navios que se feriu no exercício da função, devido ao rompimento dos cabos que o sustentavam enquanto pintava o

---
19. Losee *v.* Clute, 51 N.Y. p. 494 (1873).
20. Devlin *v.* Smith, p. 89 N.Y. 470 (1882).
21. II L. R. Q. B. 503 (1883).

casco de uma embarcação. Ao apelar em juízo, recebeu o direito a receber uma indenização do dono do cais, que havia fornecido o andaime e as cordas. Mas a maioria dos juízes decidiu o caso com base em um aspecto da questão um tanto tênue que dizia respeito ao fato de que os trabalhadores contratados para a tarefa haviam na realidade sido convidados pelo dono do estaleiro a usar o estaleiro e seus equipamentos. Esta poderia ter sido a explicação também para o caso do andaime ocorrido nos Estados Unidos. O aspecto mais notável do caso *Heaven contra Pender*, no entanto, foi a precipitação de um dos juízes, lorde Esher, na ocasião, Brett, em aplicar uma norma acima das categorias legais que classificariam o caso.

Brett julgou que a indenização deveria ser autorizada porque:

> Sempre que um indivíduo (indivíduo A) fornece mercadorias ou maquinaria, ou similares, com o propósito de que sejam usados por outro indivíduo (indivíduo B), em circunstâncias tais que qualquer indivíduo de bom senso seria capaz de perceber que o uso ou manuseio de tais itens requer cuidados, devido ao estado em que se encontram ou ao grau de periculosidade que apresentam, sob pena de acarretar danos físicos à pessoa B ou à sua propriedade, o indivíduo A tem o dever de usar de cuidado e habilidade para verificar o estado e proceder ao fornecimento dos mesmos itens.[22]

---

22. *Ibid.*, p. 510; ver também a lei como foi formulada na p. 509.

A declaração acima foi concebida por Brett a partir de dois tipos distintos de casos: aquele em que dois condutores de qualquer veículo, ou dois navios, aproximam-se um do outro e a necessária cautela mútua deve ser posta em prática por ambos, pois é responsabilidade de ambos evitar o choque, e aquele em que um homem é atraído a uma loja ou a um grande estabelecimento comercial e o dono deve ter o cuidado e o bom senso de "manter sua loja ou estabelecimento em boas condições de maneira que não coloque em risco a vida ou a propriedade do freguês". Como estas duas situações distintas resultaram em uma mesma norma, ou, em outras palavras, como dois princípios gerais, quando aplicados, resultam na mesma norma, Brett julgou que deveria existir "uma proposição mais ampla que abrangesse e satisfizesse ambos os grupos de circunstâncias". Sua conclusão baseou-se no fato de que "a lógica de raciocínio indutivo requer que, nos casos em que duas proposições conduzem a premissas exatamente iguais, haja uma premissa mais ampla e mais remota que abranja ambas as proposições principais". A lei de cuidado (*ordinary care*) de Brett esbarra em uma certa dificuldade ao se fazer um exame retrospectivo do caso *Langridge* e do enfoque que ele dá a ambos os temas: dolo e negociação direta. Mas assim Brett se pronunciou a respeito do caso *Langridge*: "Não foi, não pode ter sido relatado com precisão", e de qualquer modo, o fato de a indenização ter sido aprovada com base no dolo "de modo algum invalida a proposição de que a ação deveria ter sido apoiada na negligência sem dolo".

A opinião predominante no caso *Heaven contra Pender*, enquanto se apóia no ponto de vista de que os operários haviam sido "convidados" e se recusa a seguir Brett em seu arroubo, concorda que a responsabilidade por negligência procede quando o instrumento é perigoso "como uma espingarda" ou quando o instrumento se encontra em um estado tal que seja passível de acarretar riscos "não necessariamente supervenientes ao uso de tal instrumento" e nenhuma advertência apropriada é dada. Aprovando essa conclusão, o tribunal de Nova York em 1908 entendeu que a questão da negligência do fabricante poderia ser levada a júri no episódio em que o querelante perdeu um olho devido à explosão de uma garrafa de água com gás[23]. No ano seguinte, uma chaleira defeituosa, utilizada para manter quente o café, que explodiu e matou um homem, veio juntar-se à garrafa de água com gás no conceito de artefato perigoso[24]. O caso da chaleira defeituosa propiciou a oportunidade para se explicar duas das expressões usadas para descrever objetos inseridos na categoria "periculosidade intrínseca". No que se refere a um artigo "intrinsicamente perigoso", explicou o tribunal, um fabricante é responsabilizado por fabricação negligente que, acrescen-

---

23. Torgesen *v.* Schultz, 192 N.Y. 156, 84 N.E. 956 (1908).
24. Statler *v.* Ray, 195 N.Y. 478, 88 N.E. 1063 (1909).

tada às características inerentes ao artigo, o torna "iminentemente perigoso".

Agora as categorias já estavam bem supridas de objetos. O conceito de "perigo" trazia em seu bojo uma arma carregada, possivelmente uma arma defeituosa, um frasco de veneno com rótulo trocado, um produto para lavar cabelos capaz de provocar estragos, andaimes, uma chaleira com defeito e uma garrafa de água com gás defeituosa. A categoria "ausência de perigo", antes mencionada como apenas latentemente perigosa, incluía uma carruagem defeituosa, uma lâmpada que explodiu, o balanceiro quebrado de uma serra circular e uma caldeira defeituosa. Talvez não seja tão surpreendente encontrar a menção a um maçarico no caso *Blacker contra Lake*[25] incluído na categoria de artefatos não perigosos. Mas o tribunal inglês, nos pareceres de seus dois juízes, experimentou uma certa dificuldade, pois houve uma discordância entre eles: no momento de opinar sobre o maçarico, o primeiro juiz não teve dúvidas em optar pela categoria "ausência de perigo". No entanto, o caso *Skivington* despertou grande polêmica porque parecia haver em seu bojo uma insinuação de que a palavra dolo poderia ser substituída por negligência e talvez acarretasse em responsabilidade mesmo se o produto não fosse perigoso. Mas, no episódio mencionado acima, o caso *Skivington* não pode ser adotado como parâmetro porque era con-

---

25. 106 L. T. 533 (1912).

flitante com o caso *Winterbottom contra Wright*. Da mesma forma, como o maçarico não foi considerado um artefato perigoso, foi um erro deixar a questão da negligência a cargo do júri. O segundo juiz sugeriu um realinhamento mais surpreendente dos casos que ameaçou toda a categoria "perigo". Ele propôs que nenhuma indenização fosse autorizada mesmo se a lâmpada recaísse na categoria de objetos de periculosidade intrínseca. O dever do comerciante em tais casos, assinalou ele, era o de advertir, mas pode-se isentá-lo de tal dever se a natureza do artigo ou produto é óbvia ou conhecida, como no caso em questão. Na realidade, os casos *Skivington* e *Thomas contra Winchester* eram justificáveis justamente com base no fato de que os artigos pareciam inofensivos e seu conteúdo era desconhecido. Pode-se quase afirmar que a indenização foi autorizada naqueles casos porque o perigo era apenas latente.

O período de aplicação da doutrina de artigos perigosos delineada no caso *Longmeid* e adotada no caso *Thomas contra Winchester* pode ser considerado encerrado em 1915 com sua aplicação por um tribunal federal – The Circuit Court of Appeals for the Second Circuit*. Eis como o tribunal interpretou a lei: "Aquele que fabrica artigos ou produtos de periculosidade intrínseca como, por exemplo, venenos, dinamite, pólvora, torpedos, garrafas pressurizadas,

---

* Em uma tradução aproximada, O Tribunal Itinerante de Apelação para o Segundo Distrito. (N. da T.)

deve responder por crime contra terceiros a quem o artigo ou produto causou ferimentos, a menos que tenha tomado todas as precauções com referência aos artigos ou produtos por ele fabricados (...). Por outro lado, aquele que fabrica artigos ou produtos que se tornam perigosos por defeitos de fabricação ou instalação, como, por exemplo, mesas, cadeiras, quadros ou espelhos pendurados em paredes, carruagens, automóveis etc. não responde por danos causados a terceiros, exceto nos casos em que tenha havido dolo ou que o dano tenha sido proposital."[26] Desta maneira, o tribunal negou o direito de indenização em uma ação impetrada pelo comprador de um carro contra o fabricante, quando a roda dianteira quebrou e o carro capotou.

O caso *MacPherson contra Buick*[27] dá início à terceira fase da vigência do conceito de instrumentos perigosos. O tribunal de apelação de Nova York em 1916 viu-se diante de uma quase repetição do caso do automóvel, julgado pelo tribunal federal no ano anterior. O querelante conduzia um amigo ao hospital em seu carro quando o veículo enguiçou subitamente por uma falha de fabricação na roda. O querelante sofreu ferimentos graves. A ré do caso – a Buick, fábrica de veículos automotivos – havia vendido a mercadoria a uma concessionária, que, por sua vez, a revendeu ao querelante. A roda defei-

---

26. Cadillac *v.* Johnson, 221 Fed. 801, 803 (C.C.A. 2d, 1915).
27. 217 N.Y. 382, III N.E. 1050 (1916); ver Bohlen, *Liability of Manufacturers to Persons Other than their Immediate Vendors*, 45 L.Q. Rev. 343 (1929).

tuosa havia sido adquirida pela Buick na Imperial Wheel Company.

Como era de esperar, o advogado do querelante insistiu que um automóvel era "perigoso em alto grau"[28]. De fato, um automóvel guardava semelhanças com uma locomotiva. Seria muito mais parecido com uma locomotiva do que com uma carruagem. "O automóvel é um rival respeitável do Empire Express", argumentou ele. "Este fato encontra uma comprovação adicional ao considerarmos que é exigido do condutor de um automóvel que ele possua uma carteira de habilitação; o mesmo se exige do maquinista. As restrições impostas pela lei ao uso do automóvel constituem outra evidência a ser considerada." Ainda segundo o memorial, "afirmar que um automóvel em repouso não apresenta nenhum perigo beira as raias da infantilidade. Da mesma forma, não se pode dizer que é segura uma locomotiva cuja caldeira não está em atividade" ou que são seguros a válvula de uma chaleira ou um rifle de cano longo. O automóvel, movido pela combustão de gases, apresentava "perigo intrínseco". O juiz da primeira instância deu a conhecer aos membros do júri que "um automóvel não é um veículo de periculosidade intrínseca", mas acrescentou que eles poderiam considerá-lo "iminentemente perigoso no caso de um defeito"[29]. Com relação à diferença entre as duas

---

28. Memorial do querelante, 16, 17, 18.
29. 217 N.Y. 382, 396 III N.E. 1050, 1055 (1916).

frases, o advogado do querelante afirmou que não havia motivo para se "manipular definições. 'Intrínseco' refere-se a algo 'inseparável', ao passo que 'iminente' tem o mesmo significado de 'ameaçador'". Ele não teceu comentários sobre a requisição do réu para que o juiz instruísse o tribunal a deliberar que a indenização dependia do fato de o carro ser considerado "iminentemente perigoso"[30]. O mesmo advogado, no entanto, registrou em seu memorial que "estava profundamente impressionado com uma observação, feita pelo presidente do Supremo Tribunal de Justiça, o meritíssimo juiz Isaacs em uma recente visita aos Estados Unidos, referente ao fato de a Inglaterra estar se afastando de convenções puramente abstratas e tentando administrar a justiça a cada caso, visto de maneira isolada"[31].

O Tribunal de Apelação de Nova York concedeu a indenização. O juiz Cardozo reconheceu que "os fundamentos deste ramo do direito (...) foram assentados no caso *Thomas contra Winchester*". Ele ponderou que alguns exemplos ilustrativos usados no caso *Thomas contra Winchester* poderiam ser rejeitados nos dias atuais (considerando, sem sombra de dúvida, o exemplo da carruagem defeituosa), mas o princípio do caso era o mais importante. "Nunca houve neste estado nenhuma dúvida sobre o princípio em si mesmo, nem jamais foi ele repudiado." Mesmo

---

30. *Ibid.*, p. 399, 1056.
31. Memorial do querelante 23.

quando assinalou que os "precedentes inspirados em uma época em que se viajava de diligência não estão em conformidade com os meios de transporte atuais", ele não hesitou em acrescentar a explicação: "o princípio de que o perigo deve ser iminente não se altera, mas as coisas submetidas a tal princípio, estas sim sofrem alteração". E, além do mais, havia princípios subjacentes. Eles haviam sido formulados, com um certo grau de precisão, por Brett no caso *Heaven contra Pender.*

Na realidade, Cardozo não estava certo de que essa declaração de princípios subjacentes fosse uma exposição exata do direito na Inglaterra. Ele julgou que "talvez fossem necessárias algumas qualificações mesmo em nosso próprio estado. Como a maioria das tentativas de definições abrangentes, esta também poderia envolver erros de inclusão e exclusão". No entanto, concluiu que "os critérios usados, pelo menos no que tange a seus princípios subjacentes, sejam quais forem as modificações que se fazem necessárias na medida de sua aplicação a situações de fato, por natureza mutáveis, são os critérios utilizados pelo direito de nosso país". Ele não teceu comentários sobre a declaração de Brett relativa ao caso *Thomas contra Winchester*. Para Brett, o caso havia "ido bem longe" e ele não tinha certeza se esse caminho não os teria "levado longe demais".

Cardozo admitiu que os primeiros casos "sugerem uma interpretação limitada da norma", referia-se aí também aos casos da caldeira e do balanceiro.

Mas já se havia concebido uma maneira de colocá-los de lado: distingui-los não apresentava dificuldades porque nesses dois casos o fabricante ou havia chamado a atenção para o defeito ou para o fato de que os testes feitos no produto não eram definitivos. A distinção baseou-se em um argumento levantado sem sucesso pelo advogado da parte que perdeu a ação no caso *Winterbotton contra Wright*. Outros casos mostraram que não era necessário que um objeto apresentasse um potencial de destruição para que fosse classificado como perigoso. "Uma chaleira grande (...) pode guardar em si mesma o poder de se transformar em algo arriscado, caso tenha sido fabricada com negligência. No entanto, ninguém a considera um utensílio cuja função normal é a de causar destruição." E "o que se aplica a uma chaleira, aplica-se igualmente a garrafas pressurizadas". O caso *Devlin contra Smith* também foi importante. "Um andaime", Cardozo assinalou, "não é em si um instrumento perigoso." Ele admitiu que tanto o caso do andaime quanto o da chaleira talvez tivessem "ampliado o alcance da norma jurídica no caso *Thomas contra Winchester*", mas, "se isto aconteceu, este tribunal concorda com a ampliação. O réu argumenta que as coisas que, em si, representam risco de vida são os venenos, explosivos, armas de fogo, em resumo, artefatos cuja característica normal é a de ferir ou destruir. Mas como quer que tenha sido a norma aplicada ao caso *Thomas contra Winchester*, ela não tem mais aquele significado restritivo".

Ele mostrou uma certa impaciência para o que denominou "sutilezas semânticas". Reclamou que "o réu lança mão de diferenças sutis entre coisas inerentemente perigosas e coisas iminentemente perigosas". A este respeito, bastava assinalar que "se o perigo era algo a ser esperado e era possível prever seu grau de probabilidade, impunha-se um dever de se permanecer em estado de alerta, pertinente em ambas as ocorrências, ou seja, tanto nos casos de risco inerente quanto iminente". Assim dizia a norma: "Se a natureza de algo é tal que existe a probabilidade razoável de implicar risco de vida ou ameaça à integridade física quando houver negligência em sua fabricação, conclui-se que se trata de algo perigoso." Mas "deve existir consciência de um risco não apenas possível, mas também provável". Assim, o que apresentara apenas um risco latente no caso *Thomas contra Winchester* apresentava agora um risco iminente ou um risco inerente, ou ainda – na hipótese de se desconsiderem as sutilezas semânticas –, um risco claro ou provável.

Em um outro ponto de seu comentário a respeito do caso, Cardozo nos dá a impressão de minimizar a importância da questão de princípios. Assim discorreu ele sobre o assunto: "Qual era a conjuntura antes de o caso *Buick* ser julgado? Havia alguma lei sobre o tema? Um número considerável de sentenças, mais ou menos apresentadas entre si, foi pronunciado pelo mesmo tribunal ou por outros tribunais. Havia um conjunto de casos particulares cuja análise propiciava a formulação de uma hipótese. Entretanto, suas implicações eram ambíguas. (...) A relação de artefatos classificados de perigosos sofreu uma ampliação sistemática. O tratamento dado a cada caso acompanhou esta tendência (...) A lista foi ampliada até incluir um andaime, ou um automóvel, ou até mesmo tortas e bolos quando, entre seus ingredientes, surgiam objetos estranhos, tais como pregos, e substâncias excêntricas não mencionadas nas receitas dos livros de culinária." Cardozo descreveu o processo jurídico relativo a esses casos como um processo em que "a lógica e a conveniência ainda disputam a soberania"[32]. O estilo de Cardozo não merece críticas severas. Faz parte da tradição conceber-se a lógica em luta contra algo. Às vezes, a concebemos em luta contra a História ou contra a experiência.

Afastando-se de sua doutrina anterior – o que não surpreende, pois os jurados eram outros –, o mesmo tribunal federal, que havia decidido que um automóvel com defeito de fábrica não apresentava periculosidade intrínseca, ao tomar conhecimento de uma nova apelação concedida ao mesmo caso, declarava agora, com nova sensatez: "não podemos aceitar que a responsabilidade imputada a um fabricante de automóveis apresente alguma analogia com a responsabilidade imputada a um fabricante de 'mesas, cadeiras, quadros ou espelhos pendurados em

---

32. Cardozo, *The Growth of the Law* 40-41, 76-78 (1924).

paredes'. Existe, no entanto, uma analogia evidente com aqueles que preparam alimentos insalubres e aqueles que manipulam drogas venenosas"[33].

O caso *MacPherson contra Buick* rebatizou e ampliou a categoria de objetos que oferecem risco. Costuma-se considerar que este caso tem o mérito de ter colocado o direito em conformidade com as "considerações sociais"[34]. No entanto, ele não eliminou a necessidade de decidir os casos. Decorrido algum tempo, os tribunais de Nova York puderam incluir na categoria "coisas perigosas", ou "provavelmente perigosas", uma garrafa com defeito de fábrica[35] e outra chaleira[36], embora este último caso tenha sido menos assustador do que o caso da chaleira de 1909. Mas, por uma ou outra razão, foi negada a inclusão de um automóvel cujo defeito se resumia a uma maçaneta que havia cedido, causando a abertura involuntária de uma das portas e a conseqüente queda do querelante, que ficou estendido no chão, embaixo do veículo. A maçaneta defeituosa não tornou o carro uma "coisa perigosa"[37]. Na verdade, quando se trata de comparar casos e exemplos, é necessário admitir que uma maçaneta guarda uma relação menos

---

33. Johnson *v.* Cadillac, 261 Fed. 878, 886 (C.C.A. 2d, 1919).
34. Ver Torts, *Liability of Manufacturer to Consumer for Article Dangerous Because of Defective Construction*, 9 Corn L. Q. 494 (1924).
35. Smith *v.* Peerless Glass Co. 259 N.Y. 292, 181 N.E. 576 (1932); cf. Bates *v.* Batey & Co. (1913) 3 K.B. 351.
36. Hoenig *v.* Central Stamping Co., 273 N.Y. 485, 6 N.E. 2d 415 (1936).
37. Cohen *v.* Brockway Motor Corp. 240 App. Div. 18, 268 N.Y. Supp. 545 (1934).

estreita com as coisas que fazem um automóvel assemelhar-se a uma locomotiva do que, por exemplo, uma roda, sobre a qual ele se move.

No entanto, o caso *MacPherson contra Buick* acarretou uma liberdade de ação maior aos tribunais. Amparada por ele, conforme informou o tribunal de Massachusetts, a exceção a favor da responsabilidade por negligência nos casos em que o instrumento é provavelmente perigoso anulou a suposta regra segundo a qual "um fabricante ou fornecedor nunca pode ser responsabilizado por negligência perante um comprador mediato"[38]. A exceção parece agora ter o mesmo grau de certeza que anteriormente caracterizava a regra. Ela é agora um princípio geral de responsabilidade que pode ser formulado sem problema algum no *Restatement**, e os redatores podem criticar os tribunais que não venham a aplicar o que passa a ser uma lei inequívoca de responsabilidade[39].

Um desdobramento de caráter um tanto semelhante ao mencionado acima ocorreu na Inglaterra. No caso *Donoghue contra Stevenson*[40], em 1932, o fabricante de uma garrafa de *ginger ale* foi processado pelo querelante que havia comprado a bebida por

---

38. Carter *v.* Yardley & Co., 319 Mass. 92, 64 N.E. 2D 693 (1946).

* Trata-se de uma compilação das leis do *common law*, sem caráter oficial. Organizada por um grupo de juristas influentes e patrocinada pelo *American Law Institute*, esta compilação, concluída em 1944, abrange diversas áreas do direito. (N. da T.)

39. Ver Harper, Law of Torts § 106 (1933).

40. (1932) A. C. 562. Note-se a referência a marcas e patentes na p. 583.

intermédio de um amigo em um bar. A garrafa continha fragmentos de um caracol em decomposição. As opiniões dos juízes, em maioria, enfatizaram a relação estreita e quase direta entre o fabricante e o comprador mediato. Considerou-se que o dever de fiscalização do fabricante deste tipo de mercadoria "se estendia até o momento de o artigo chegar às mãos do usuário. (...) Ao embalar um produto alimentício, o fabricante sabe que a embalagem será aberta pelo consumidor final. Não pode haver nenhum tipo de inspeção por parte do intermediário, no caso o comerciante do produto, e nenhum tipo de inspeção preliminar razoável por parte do consumidor". Ao chamar a atenção para o fato de que a norma estabelecida por Brett no caso *Heaven contra Pender* era demasiadamente ampla, lorde Atkin afirmou que o direito havia conferido ao mandamento bíblico que recomenda o amor ao próximo uma nova interpretação, segundo a qual "não prejudicar o próximo" substituía "amar o próximo". A pergunta, então, passava a ser: "quem é o meu próximo?". A norma mais pragmática daí resultante dizia respeito a indivíduos "afetados de maneira direta e imediata" e a atos "passíveis de causar, a terceiros, danos facilmente previsíveis". A ênfase sobre o controle e a proximidade traz à baila o conceito de agente inconsciente do caso *Langridge contra Levy*, assim como a impossibilidade de inspecionar, alegada sem sucesso no caso *Winterbottom contra Wright* e aparentemente implícita no caso *Skivington*.

Com respeito a outros casos anteriores, diz-se agora que a distinção entre coisas perigosas e aquelas que apresentam periculosidade intrínseca era "artificial" e que, de qualquer forma, o fato de que deveria existir um dever especial para uma categoria não significava mais que não deveria existir um dever para outras. Os casos *Winterbottom* e *Longmeid* deixaram de atuar como parâmetro para os demais casos, porque neles não se alegou e não se provou a existência de negligência. Quanto ao caso *Blacker*, lorde Atkin – não obstante todo o empenho que dedicou a sua leitura – encontrou dificuldade em "formular os fundamentos exatos da decisão judicial". Assim, os casos anteriores foram reestruturados com a finalidade de serem descartados, apesar dos protestos de juízes dissidentes que adotaram o ponto de vista da exceção aplicada apenas aos artigos perigosos no sentido mais tradicional.

Ainda que a ênfase recaísse sobre a fiscalização ininterrupta no caso *Donoghue*, e o advogado de defesa tivesse pedido que a doutrina dele resultante fosse aplicada apenas a artigos destinados ao consumo interno, ela acabou por se estender ao caso *Grant contra Australian Knitting Mills*[41], datado de 1936. Neste último, a ação judicial havia sido motivada por uma peça íntima feminina que apresentava um defeito de fabricação devido a um produto químico nela utilizado, responsável por causar irri-

---

41. (1936) A. C. 85.

tações. Desta vez, a ênfase poderia recair na tese de que o defeito era oculto. Ao passo que o caso *Blacker* foi de um certo modo desconsiderado, a tese levantada por um dos juízes que o julgou foi de fato aceita. Com base no raciocínio jurídico aplicado ao caso *Skivington*, no qual o conceito de dolo fora substituído pelo de negligência, o tribunal optou por usar o termo sigilo em lugar de fiscalização. Passou-se a considerar agora que o caso *Donaghue* não "dependia de que a garrafa estivesse fechada e lacrada; o cerne da questão consistia no fato de que o produto chegara ao consumidor ou ao usuário com o mesmo defeito que tinha ao sair das mãos do fabricante". O tribunal percebeu que a aplicação de seu teste de objetividade, fiscalização, proximidade e defeito oculto "acarretaria muitos problemas de difícil solução (...) os tribunais futuros teriam grande dificuldade para distinguir as categorias e teriam de enfrentar muitas complicações de fato para julgar os casos". Mas, "na opinião dos senhores juízes basta-lhes decidir este caso com base nos fatos concretos que o cercam".

O fato de a norma de periculosidade intrínseca não estar mais em vigor encerrou o ciclo iniciado com o caso *Dixon contra Bell*. Entretanto, seria um equívoco acreditar que tal desfecho dá margem a uma norma geral, como a norma da negligência, que atualmente pode ser aplicada. Uma norma assim formulada seria equivalente aos arroubos de Brett. A própria palavra negligência tem de ser revestida de um significado, que os exemplos dispostos sob sua rubrica podem lhe conferir. Não se busca estabelecer uma responsabilidade ilimitada. À medida que avança a analogia entre os casos, novas categorias surgirão. Talvez surja, por exemplo, uma categoria que inclua produtos e artigos de marca, patenteados, divulgados pela propaganda comercial ou monopolizados. Os fundamentos para tal categoria existem. O processo de raciocínio por analogia decidirá a respeito de sua criação.

Capítulo III

É comum considerar que o raciocínio do direito jurisprudencial é indutivo, enquanto a aplicação de leis segue um raciocínio dedutivo[1]. O conceito parece errôneo mas a distinção não deixa de ter fundamento. Em relação ao direito jurisprudencial, os conceitos podem ser criados partindo-se de exemplos específicos. Embora isto não se constitua em um processo indutivo de fato, a direção do raciocínio parece ir do particular para o geral. Diz-se que o geral encontra seu significado na relação entre os casos particulares. Entretanto, o geral tem uma capacidade sugestiva não somente através das implicações dos casos hipotéticos que traz em si, mas também por sua capacidade de sugerir categorias semelhantes. A expressão "perigo iminente", por exemplo, sugeria um perigo imediato, intrínseco e de certa magnitude. Nesta medida, a expressão sugere os exemplos a serem associados a ela, ocorrendo

---

1. Allen, *Law in the Making* 249 (1930).

um processo semelhante ao raciocínio dedutivo. No entanto, os novos exemplos terão de ser comparados aos antigos. Torna-se evidente, então, a reformulação do conceito da palavra original, que pode não somente adquirir novos significados mas também se alterar ou até mesmo desaparecer. A aplicação de uma lei parece seguir um processo bastante diferente. As palavras são dadas. Não devem ser interpretadas de modo superficial, já que expressam a vontade da legislatura. A legislatura é o órgão responsável pela elaboração das leis. Parece um processo dedutivo aplicar a palavra ao caso específico.

A diferença é vista de imediato quando se percebe que as palavras de uma lei não são um *dictum*[2]. A legislatura pode ter tido um caso específico em mente, mas expressou-se em termos gerais. É necessário tanto respeitar as palavras gerais usadas pela legislatura quanto saber aplicá-las. As normas para a formulação de leis seguem o mesmo preceito. Tais normas são palavras que orientam o legislador a utilizar um dado sistema de classificação. A dificuldade está em colocar a espécie dentro do gênero e o caso específico dentro da espécie. As palavras usadas pelo legislador são tratadas como palavras de classificação a serem aplicadas. Porém, as normas em si mostram que pode haver ambigüidade nas palavras usa-

---

2. Mas a declaração de propósitos contraditórios pode ser *dictum*. Ver Employment Act of 1046, 60 Stat. 838 (1946), 15 U.S.C.A. §§ 1021-24 (Suppágina, 1947).

das. As palavras devem ser interpretadas à luz do significado dado a outras palavras na mesma lei ou em leis semelhantes. A especificação de situações particulares indica que situações similares mas não mencionadas não devem ser incluídas. Por outro lado, a especificação de situações particulares, quando uma palavra de uma categoria geral também é usada, pode ser uma indicação de que situações semelhantes devem ser consideradas. Daí, a norma *ejusdem generis**.

Portanto, na aplicação de uma lei, a intenção da legislatura é, sem dúvida, importante. As normas da interpretação de leis são formas de descobrir tal intenção. As palavras usadas são necessárias porém insuficientes. Relatórios de comissões parlamentares podem ser elucidativos, já que rascunhos anteriores de uma lei podem mostrar trechos onde o significado foi mudado propositadamente. Projetos de lei apresentados mas não aprovados também podem ter alguma influência e as palavras faladas em debates podem ser levadas em conta. Até o comportamento dos litigantes pode ser importante, na medida em que o fato de o governo ter deixado de adotar, durante um certo período, a interpretação que ele, agora, considera apropriada, pode ajudar a esclarecer o significado de uma lei. Mas não é fácil estabelecer a intenção da legislatura[3].

---

* "do mesmo tipo ou classe". (N. da T.)
3. Ver Frankfurter, *Some Reflections on the Reading of Statutes*, 47 Col. L. Rev. 527 (1947).

O ministro do Tribunal Reed nos deu conselhos a respeito deste assunto, ao estilo de Polônio:

> Evidentemente, não há prova mais convincente do propósito de uma lei do que as palavras empregadas pela legislatura para expressar seus desejos. Com freqüência, as palavras em si são suficientes para determinar o propósito da legislatura. Nesses casos, seguimos seu sentido óbvio. Nas ocasiões em que tal sentido levou a resultados absurdos ou fúteis, este Tribunal foi além das palavras para analisar o propósito do ato. No entanto, mesmo quando o sentido óbvio não produziu absurdos, mas apenas um resultado pouco razoável, "claramente em desacordo com a política da legislação como um todo", este Tribunal buscou compreender o propósito em vez das palavras literais. Certamente não há uma "norma jurídica" que proíba o uso de elementos auxiliares para a interpretação do significado do texto de uma lei, mesmo quando as palavras usadas parecem perfeitamente claras após um exame superficial. A interpretação do significado de leis, aplicada a controvérsias litigiosas, é uma função exclusivamente judiciária. Esta função é cumprida por um grupo de funcionários públicos, os juízes, que interpretam o que é dito pelos legisladores. É claro que existe o risco de que a conclusão do tribunal em relação à intenção legislativa possa ser influenciada, de forma inconsciente, pelos pontos de vista dos juízes ou por fatores não considerados pelo órgão que sancionou a lei. Uma análise atenta é a melhor forma de escapar de tal perigo, mas não justifica a aceitação de uma interpretação

literal dogmática que nega aos tribunais informações disponíveis que lhes permitiriam chegar a uma conclusão acertada. Deve-se sublinhar também a necessidade de se avaliar os propósitos do Congresso, como um todo, ao analisar o significado de cláusulas de seções de uma lei geral. Se algumas palavras de conotação geral aparecem no texto das leis, elas não devem ser interpretadas em um sentido amplo, contrário às políticas estabelecidas, "exceto quando um propósito diferente é claramente expresso".[4]

Os conselhos acima nos forçam a reexaminar se existe alguma diferença entre a interpretação da área de direito jurisprudencial e da área de direito legislativo. Não é suficiente mostrar que as palavras usadas pela legislatura têm algum significado. Os conceitos criados pelo direito jurisprudencial também têm algum significado, mas tal significado é ambíguo. Não existe uma clareza quanto à amplitude de seu alcance. Pode-se afirmar que as palavras usadas pela legislatura têm um significado mais preciso, ou há a mesma ambigüidade? Uma diferença importante pode ser notada de imediato. Quando o direito jurisprudencial é levado em consideração, há um realinhamento consciente de casos; o problema não é a intenção do juiz anterior. Porém, no que concerne a uma lei, a referência aponta para o tipo de coisas que a legislatura teve a intenção de incluir. Todos os con-

---

4. United States *v.* American Trucking Ass'n, 310 U.S. 534, 542 (1940).

ceitos são sugestivos, mas os conceitos do direito jurisprudencial podem ser reelaborados. Já um conceito de lei tem como objetivo sugerir a intenção da legislatura; os itens que ele abrange devem ser da mesma ordem. Tem-se como objetivo realizar a intenção da legislatura. Foi isto que o Ministro Reed quis dizer. A dificuldade é que a intenção da legislatura é ambígua. De um modo significativo, há apenas uma intenção geral que conserva tanta ambigüidade no conceito usado como se este tivesse sido criado pelo direito jurisprudencial.

Tal característica não é o resultado de uma imperícia legislativa, como se alega com freqüência. As questões não são decididas até o momento em que elas têm de ser. Para uma legislatura, talvez as pressões sejam tantas que um projeto de lei sobre um determinado assunto necessite ser aprovado sem que os legisladores precisem chegar a um acordo sobre o efeito preciso do projeto. Se a legislatura fosse um tribunal, não decidiria o efeito preciso até que uma situação de fato específica surgisse exigindo uma resposta. Quando uma lei é publicada, não se espera que todas as lacunas tenham sido preenchidas. Mas, já que uma legislatura não é um tribunal, isto é ainda mais verdadeiro. Não é necessário que delibere a respeito de nenhuma situação e pode esperar que os tribunais o façam[5]. Há uma outra razão, vinculada à

---

5. Cf. Frank, *Words and Music: Some Reflections on Statutory Interpretation*, 47 Col. Rev. 1259 (1947). Note que nem toda mudança na enunciação de normas para a interpretação de leis feita por um tribunal acarreta uma mu-

anterior, para que haja ambigüidade. Em relação a que tipo de situação a legislatura deveria tomar uma decisão? Embora muito se pregue ao contrário, uma legislatura não é um órgão de investigação de fatos. Não há um mecanismo, como em um tribunal, que requeira que a legislatura analise fatos e chegue a uma conclusão sobre situações específicas. Não há necessidade de se chegar a um consenso sobre a situação. Os membros de um órgão legislativo falam sobre diversos assuntos; eles não podem obrigar uns aos outros a aceitar nem mesmo um conjunto hipotético de fatos. O resultado é que, mesmo em uma atmosfera em que não haja controvérsia, o que for decidido pode não ser perfeitamente claro.

O fato de haver controvérsias torna a situação mais complexa e um acordo só é possível através de um nível mais alto de discurso, caracterizado por uma ambigüidade maior. Este é um elemento que possibilita as concessões e soluções de meio-termo. Além disso, cada membro de uma legislatura tem seus motivos para não ser totalmente franco. Ele talvez precise escapar das pressões locais e os jornais podem ter criado um clima no qual alguma lei tenha de necessariamente ser sancionada. Além disso, talvez a única possibilidade de o legislador conseguir a aprovação de uma lei é fazer com que tenha um significado que não seja compreendido por alguns co-

---

dança real na interpretação dessa lei. Cf. United States *v.* Standard Oil Co. of New Jersey, 221 U.S. I (1911) e United States *v.* Addyson Pipe and Steel Co., 85 Fed. 271 (C.C.A. 6th, 1898).

legas. Se os tribunais, ao interpretarem uma lei, examinarem relatórios de comissões e comentários durante debates, certas expressões que teriam sido rejeitadas se incluídas no projeto de lei serão utilizadas em debates ou em relatórios como um tipo de legislação ilícita e, espera-se, eficaz. E, se tudo isso não fosse suficiente, não podemos esquecer que falar sobre a intenção legislativa é falar sobre uma ação coletiva. Neste caso, é possível que a maioria dos integrantes do grupo sejam ignorantes ou estejam malinformados. Entretanto, não se deve salientar este fato, mas sim a necessidade de que haja ambigüidade antes que possa haver qualquer acordo sobre a maneira de tratar casos desconhecidos.

Mas o tribunal com certeza se empenhará em descobrir a intenção legislativa e isto certamente faz diferença. Esse empenho resulta em um preenchimento inicial das lacunas no texto de uma lei. As primeiras opiniões podem não determinar uma interpretação completa e definitiva. Um ponto de vista mais conclusivo deve ser alcançado aos poucos mas, no final, é provável que haja uma interpretação pelo tribunal que forneça mais conteúdo ao texto. Na construção de tal interpretação, deve-se fazer referência ao tipo de exemplos sugeridos pelas palavras do texto de uma lei, na sua acepção mais comum. O raciocínio por analogia, ou seja, baseado em exemplos, então, partirá desse ponto. Marca-se aqui uma diferença entre ele e o direito jurisprudencial. Tal diferença consiste no fato de que a legislatura determina o uso de determinadas palavras, que serão as mesmas, mas adquirirão outras acepções. Se várias análises da verdadeira intenção da legislatura forem permitidas, o significado das palavras pode mudar de forma radical de tempos em tempos. Quando isto acontece, um tribunal tem, na verdade, mais liberdade de ação ao interpretar uma lei do que se estivesse utilizando o direito jurisprudencial, pois pode evitar casos anteriores ao dizer que naqueles casos a verdadeira intenção legislativa foi ignorada.

Há um grande perigo em se fazer isso. As legislaturas e os tribunais são órgãos legislativos coletivos. É importante saber de quem é a responsabilidade. Se a interpretação de uma lei que recebeu um parecer desfavorável pode ser mudada de tempos em tempos, é de esperar que, especialmente quando há controvérsia, a legislatura não faça nada para modificar a lei. Sempre será possível dizer que uma nova lei não é necessária porque o tribunal, futuramente, fará uma interpretação mais apropriada. Se o tribunal tiver liberdade para reinterpretar as leis, o resultado será aliviar as pressões sofridas pela legislatura. A legislação precisa de uma consistência jurídica. Além disso, é provável que a própria conduta do tribunal seja tímida diante das pressões. Talvez isso só tenha como efeito impedir uma revisão legislativa. Portanto, parece melhor dizer que, quando uma interpretação incisiva da intenção legislativa tiver sido alcançada e, deste modo, uma direção tiver sido determinada dentro da lacuna da ambigüidade, o tribunal deve respeitar tal direção. Neste sentido, a interpretação que um tribunal faz de uma lei não é um *dictum*. As palavras que ele usa fazem mais do que decidir o caso; dão uma direção ampla à lei.

A doutrina sugerida aqui é difícil. Em muitas situações polêmicas, não se deve esperar uma revisão legislativa. Muitas vezes, parece que a única esperança está nos tribunais. Ainda assim, o processo democrático parece exigir que as mudanças polêmicas sejam feitas pelo órgão legislativo, não só porque há um mecanismo que permite responsabilizar os legisladores mas também porque os tribunais são normalmente tímidos. Já que decidem apenas o caso que têm diante de si, lhes é difícil promover qualquer mudança polêmica, a menos que estejam dispostos a abraçar uma doutrina impopular durante um período prolongado. As dificuldades que os órgãos administrativos têm em face da pressão contínua servem como advertência. Quando os tribunais penetram áreas de grande controvérsia, é necessário que tenham uma proteção incomum. Eles têm de estar prontos para invocar a Constituição.

No que concerne à interpretação legislativa, portanto, parece que o raciocínio legal realmente tenta fixar o significado das palavras. Quando isto é feito, os casos subseqüentes devem ser decididos tendo como base o significado anterior, que não deve ser reelaborado. O significado será esclarecido à medida que os exemplos forem examinados, mas a referência permanece fixa. É uma doutrina rígida, contra a qual os juízes se rebelam com freqüência. A Lei Mann constitui um bom exemplo[6].

Em 25 de julho de 1910 entrou em vigor a Lei Mann, que estabelece que "será conhecida e citada doravante como 'Lei sobre o tráfico de escravas brancas' (*White Slave Traffic Act*)". A Lei Mann[7] determina, em parte, que "qualquer pessoa, com pleno conhecimento da situação, que transportar, mandar transportar, fornecer ajuda para transportar ou para obter transporte, em comércio interestadual ou internacional, em qualquer território nacional ou no Distrito de Columbia, a uma mulher ou menina com a finalidade de prostituição ou libertinagem, ou com qualquer outra finalidade imoral, ou ainda com a intenção e o propósito de seduzir, incentivar ou obrigar tal mulher ou menina a se prostituir ou se entregar à libertinagem, ou se envolver em qualquer outra prática imoral (...) será considerada culpada de crime doloso". A Lei Mann não foi aprovada apressadamente. Na realidade, o caso foi amplamente debatido e vários relatórios haviam sido escritos anteriormente. O secretário de Comércio e Trabalho havia discutido o problema em seu relatório de 1908 e uma Comissão sobre Imigração havia feito o mesmo em um relatório preliminar em 1909. Havia aspectos internacio-

---

6. Ver também, a respeito do problema da intenção legislativa, Radin, *A Case Study in Statutory Intepretation: Western Union Co v. Lenroot*, 33 Calif. L. Rev. 219 (1945).

7. 36 Stat. 825 (1910), 18 U.S.C.A. § 398 (1927).

nais envolvidos e um tratado havia sido concluído. O presidente havia chamado a atenção do Congresso para a necessidade de legislação sobre a questão e o projeto de lei proposto havia sido examinado em relatórios de comissões parlamentares majoritárias e minoritárias.

A Lei Mann foi aprovada durante um período em que as cidades grandes americanas possuíam zonas de prostituição ilegais mas segregadas. Acreditava-se que as mulheres eram aliciadas para os prostíbulos por quadrilhas de "traficantes de escravas brancas", que "agiam de costa a costa nos Estados Unidos, na cidade e no campo, com tentáculos em países estrangeiros, no Oriente e no Ocidente e cruzando as fronteiras americanas. As quadrilhas mais atuantes, segundo se dizia, eram formadas por franceses, italianos e judeus, que atacavam garotas inocentes de suas respectivas nacionalidades nos portos de entrada de imigrantes nos Estados Unidos ou as atraíam nos portos de emigração na Europa ou mesmo em sua terra natal". Achava-se que as garotas eram jovens, muitas delas "entrando na adolescência"[8], sendo seduzidas ou forçadas a se prostituir. Acreditava-se que elas haviam levado, anteriormente, uma vida virtuosa e, embora presumivelmente muitas fossem estrangeiras, representavam as "nossas" mulheres. Uma vez capturada, a mulher desaparecia da comunidade onde vivia, era tratada com brutalidade e

---

8. Reckless, *Vice in Chicago* 40 (1933).

açoitada, tornando-se, segundo o Relatório da Câmara dos Deputados, uma escrava no sentido literal da palavra[9].

Para enfrentar esta situação presumida, a "Lei sobre o tráfico de escravas brancas" transformou em crime o ato de transportar uma mulher "com a finalidade de prostituição ou libertinagem, ou com qualquer outra finalidade imoral".

Apesar da declaração do deputado Richardson de que o projeto de lei era "pouco prático, vago, indistinto e indefinido em todos os aspectos[10]", os debates provam que o Congresso tinha em mente algumas questões fundamentais. Em um lado, estavam aqueles em favor da aplicação de normas locais, ou seja, do poder dado aos estados. O deputado Bartlett, de Illinois, que estava desse lado, disse que se via obrigado a resistir à adoção de uma medida "como esta, que esconde uma reunião de (...) tantas forças de moralidade, piedade e reforma"[11]. Afirmou que seu voto era guiado pela "forte luz branca que emana perenemente da Constituição"[12] e achava que os "estados ainda têm poderes para policiar o seu território e coibir as ofensas contra a moralidade denunciadas com tanta eloqüência pelos defensores deste projeto de lei... Se um estado falhar em seu dever de aplicar tais medidas, defendo a idéia de que, em nos-

---

9. H.R. Rep. 47, 61ª Cong. 2d Sess. (1999).
10. 45 Cong. Rec. 810 (1910).
11. 45 Cong. Rec. App. 11 (1910).
12. *Ibid*.

so regime de governo, o primeiro dever de seus habitantes é em relação a seu estado"[13]. Do outro lado estavam aqueles que argumentavam que "a saúde e a moralidade públicas nos interessam", dizendo: "A legislação proposta é constitucional e está relacionada a considerações morais fortíssimas. Se não fosse verdade que nossa legislação penal está vinculada a questões e considerações morais, toda a estrutura da legislação não obteria a aprovação do país."[14] Tiveram o cuidado de insistir, no entanto, que "as normas propostas não significam uma interferência com os poderes de polícia dos estados"[15].

Não há dúvida de que o projeto de lei se referia ao "tráfico de "escravas brancas". O deputado Mann, ao fim do debate, destacou o fato ao declarar: "O Congresso seria negligente no cumprimento do dever se não exercesse (seu poder) porque todos os horrores, reais ou imaginários, descritos em relação ao tráfico de escravos negros tornam-se insignificantes se comparados com os horrores do chamado 'tráfico de escravas brancas'."[16] O deputado Peters afirmou: "As considerações que clamam pelo apoio a este projeto são tão difundidas e os objetivos tão bem compreendidos e alvo de aprovação tão universal que nenhuma explicação ou repetição precisa ser feita nesta Assembléia. O projeto tem como objetivo a repres-

---
13. Ibid.
14. 45 Cong. Rec. 1040 (1910).
15. H.R. Rep. 47, 61st Cong. 2d Sess., 4 (1909).
16. 45 Cong. Rec. 1040 (1910).

são ao tráfico de escravas brancas (...)."[17] O relatório majoritário da Comissão da Câmara dos Deputados definiu o comércio de escravas brancas como "a prática de capturar mulheres e meninas brancas e vendê-las diretamente ou explorá-las para finalidades imorais"[18]. A Comissão havia sublinhado o caráter internacional deste tipo de comércio e os altos lucros que auferia aos traficantes.

No entanto, ao mesmo tempo que se dizia que "o tráfico repudiado por este projeto de lei é, sem dúvida, repugnante a todos os homens" e "jamais se modificarão os sentimentos de repugnância que tal infâmia e depravação provocam"[19], reinava a confusão tanto em relação aos fatos quanto à legislação proposta.

O deputado Richardson, por exemplo, declarou que sabia da existência de queixas sobre o tráfico mas "pode ter havido uma boa dose de exagero nelas". Muitas das situações descritas no Relatório da Câmara dos Deputados se referiam às condições vigentes em Illinois. Porém, "haviam sancionado leis mais severas em Illinois e muitas ações penais haviam sido iniciadas"[20]. O deputado Adamson assinalou que "O presidente da Comissão de Imigração e Naturalização (...) afirmou (...) que o tráfico de escravas brancas havia sido praticamente eliminado de nossas metrópoles". Adamson acreditava que um exa-

---

17. *Ibid.*, 1035.
18. H.R. Rep. 47, 61st Cong. 2d Sess., 11 (1909).
19. 45 Cong. Rec. 1039 (1910).
20. *Ibid.*, 810.

me detalhado provaria que as leis já existentes poderiam dar conta dos casos citados[21]. E, apesar das descrições de imoralidade, o certo era que a sociedade americana estava melhorando e era "muito melhor que o resto do mundo em termos morais". Por outro lado, o deputado Russell contou, como fato, a história de um negro que supostamente havia comprado sua terceira mulher branca "de um grupo de vinte e cinco mulheres postas à venda em Chicago"[22].

Qualquer que fosse a gravidade da situação, presume-se que a lei foi elaborada para saná-la. A Lei Mann fala de "prostituição", "libertinagem" e outras "práticas" ou "finalidades imorais". No que concerne à prostituição, o Relatório da Câmara dos Deputados havia declarado que "o projeto de lei em questão não se propõe a regular, proibir ou punir a prostituição ou a manutenção de lugares onde a prostituição ocorra". O deputado Adamson assinalou que a finalidade do projeto de lei "não é eliminar a prostituição, nem seus defensores assim pretendem". Ele se deu conta de que muitas pessoas e alguns deputados de boas intenções incorriam no erro de pensar que a finalidade era eliminar a prostituição e a imoralidade. Mas o Relatório da Câmara dos Deputados dizia claramente que o projeto de lei atinge o transporte de mulheres "com a finalidade de prostituição". E o deputado Peters uniu os três elementos –

---
21. *Ibid.*, 1031.
22. *Ibid.*, 821.

tráfico de escravas brancas, transporte e prostituição – declarando que "o projeto de lei tem como objetivo auxiliar na repressão ao tráfico de escravas brancas ao tornar crime doloso o ato de contratar o transporte interestadual para qualquer mulher que se dirija a um local qualquer, com a finalidade de exercer a prostituição"[23].

No que concerne à libertinagem, talvez tenha sido um erro acreditar que o projeto de lei procurasse defender a proteção da virtude feminina. O deputado Adamson disse que, se assim fosse, "teria contado com o nosso apoio unânime. Mas tal possibilidade não foi nem aventada. O único objetivo possível e explicitado desta lei é purificar o comércio interestadual".

Talvez soe estranho, então, que não haja "nenhuma tentativa de se proibir um homem desprezível de comprar uma passagem para outro homem desprezível para que ele possa viajar para outro estado com a finalidade de se entregar à imoralidade"[24]. Entretanto, em última análise, a proposta subjacente ao projeto de lei "seria tentar proibir todas as pessoas desprezíveis e impuras de usar a infra-estrutura do comércio interestadual (...) Haveria um vasto campo para divergência sobre quem é desprezível e impuro e sobre que práticas se constituem em imoralidade". Dentro da mesma linha de pensamento, o relatório

---
23. *Ibid.*, 1035.
24. *Ibid.*, 1033.

minoritário do Senado advertiu que seria "intolerável que a pessoa encarregada de vender uma passagem de trem perguntasse sobre a moralidade ou a castidade" da pessoa que iria usar a passagem[25].

Exceto pela objeção de que os dispositivos do projeto de lei "corriam o risco de fornecer oportunidades infinitas para o roubo e a chantagem ou causar distúrbios desnecessários sem os benefícios correspondentes à sociedade"[26], parecia haver um consenso em que as mulheres envolvidas eram vítimas. As mulheres estavam sob o jugo de guardiães e impedidas de se comunicar com o mundo exterior sem permissão[27]. Dizia-se que estava comprovado que "muitas vítimas deste tráfico foram forçadas a levar vidas vergonhosas através do uso de força, artifícios, fraude e todo tipo de embuste. Em muitos casos, elas são vítimas involuntárias, literalmente coagidas, por meio da violência e do constrangimento, a praticar e continuar praticando atos imorais"[28]. De acordo com o Relatório da Câmara dos Deputados, em muitos casos as mulheres "são praticamente escravas no sentido literal da palavra". Algo do sabor do debate pode ser sentido no repúdio do deputado Adamson à idéia de que a "vilania de uma mulher (...) seja contagiosa ao contato", e também à "falsidade horrível de que as mulheres são criaturas desprezíveis e imo-

---

25. *Ibid.*, 941.
26. *Ibid.*, 1033.
27. *Ibid.*, 811.
28. *Ibid.*, 1037.

rais *per se*, destinadas por natureza a ter, exclusivamente, propósitos imorais". Adamson tinha como objetivo mostrar que as mulheres não se assemelhavam a animais ou pessoas doentes, ou a bilhetes de loteria que, na condição de questão constitucional, poderiam ser excluídos do comércio entre os estados. Em vez disso, as mulheres eram "as doces e adoráveis companheiras de nossas alegrias e tristezas"[29]. O pronunciamento foi recebido com aplausos.

Quase não houve discussão sobre o significado das palavras "práticas imorais" ou "finalidade". Alguns sabiam que em 1908, no caso *Bitty*, o Supremo Tribunal havia chegado a uma interpretação de palavras semelhantes em uma lei relacionada à Lei Mann que tratava de mulheres estrangeiras "importadas" com a finalidade de exercer a prostituição ou "qualquer outra finalidade imoral". Em tal interpretação foi incluída a "importação" de uma mulher por um homem com a finalidade de fazê-la sua concubina. Pelo menos o deputado Richardson tinha conhecimento desse fato mas considerava a Lei Mann inconstitucional, sustentando que, no caso *Bitty*, o Tribunal havia dado à frase "uma interpretação ampla, liberal e sábia a fim de defender a moralidade"[30]. O Relatório da Câmara dos Deputados menciona o caso *Bitty*, mas ressalta que o faz "apenas *en passant*"[31].

---

29. *Ibid.*, 1033.
30. *Ibid.*, 809.
31. H.R. Rep. 47, 61st Cong. 2d Sess., 7 (1909).

A lei deveria ser aplicada no Distrito de Columbia "sem considerar a travessia de fronteiras distritais, territoriais ou estaduais"[32]. Mas nem todos os deputados tinham uma idéia clara de como a lei deveria ser aplicada. Alguns, contrários ao projeto, diziam que seriam a favor de uma lei "abolindo casas de má reputação no Distrito de Columbia"[33]. Um deputado, a favor do projeto de lei, que havia sido alvo de críticas por não ter apoiado tal medida para o Distrito antes, defendeu-se dizendo que não "se havia autoconstituído em reformista pernicioso"[34]. O deputado Borland, que apresentou um projeto de lei antilenocínio para o Distrito aproximadamente na mesma época, foi categórico ao se antepor às objeções do deputado Mann, afirmando que a Lei Mann não cobria tal questão no Distrito. Só "tinha como objetivo regular a parte nacional (...) e não podia regular nada mais"[35].

A Lei Mann foi aprovada depois de investigações amplas por parte do governo. Ainda assim, não havia um consenso sobre os fatos. Do nosso ponto de vista, o consenso que aparentemente se atingiu a respeito do tráfico de mulheres brancas parece ter sido montado sobre bases falsas. As palavras foram usadas em um sentido geral e ambíguo. Eram três

---

32. S. Rep. 866, 61st Cong. 2d Sess., 2 (1910). O relatório é quase idêntico ao Relatório da Câmara dos Deputados.
33. 45 Cong. Rec. App.12 (1910).
34. *Ibid.*, 1040.
35. *Ibid.*, 3138.

as expressões-chave: "prostituição", "libertinagem" e "para qualquer outra finalidade imoral". A Lei Mann estava agora pronta para a interpretação.

Em 1913, os termos prostituição e libertinagem já eram utilizados pelo Supremo Tribunal.

Hoke e Economides[36] haviam sido indiciados por induzir uma mulher "a se engajar em comércio interestadual (...) com a finalidade de prostituição". Eles questionaram a constitucionalidade da Lei Mann. Fazendo uso de raciocínio por analogia, o juiz McKenna disse: "(...) certamente, se a infra-estrutura do transporte interestadual pode ser negada à desmoralização das loterias, à degradação da literatura obscena, ao contágio de gado ou pessoas doentes e à impureza de comidas e drogas, a mesma infra-estrutura pode ser negada ao engodo sistemático e à escravidão de mulheres e, com mais razão, de meninas, com a intenção de fazê-las exercer a prostituição ou se engajar em práticas libertinas." A interpretação enfatizava, evidentemente, a natureza involuntária da conduta da mulher, o sistema utilizado – presumivelmente, o tráfico organizado – e a crença de que muitas das mulheres eram menores de idade.

No mesmo dia em que emitiu o parecer sobre *Hoke e Economides*, o juiz McKenna, em *Athanasaw contra os Estados Unidos*[37], defendeu a aplicação da

---

36. Hoke and Economides *v.* United States, 227 U.S. 308 (1913).
37. 227 U.S. 336 (1913).

Lei, baseando-se na palavra "libertinagem", para um réu que havia providenciado o transporte de uma moça da Geórgia para a Flórida com a suposta finalidade de que ela se apresentasse como corista em um teatro pertencente a ele. Ao chegar, a moça teria sido alvo de investidas de caráter impróprio, que teriam relação com a sua presença no elenco do teatro. O Supremo Tribunal sustentou que o termo libertinagem, como usado na Lei, não abrangia somente relações sexuais mas também "atos que poderiam posteriormente levar àquela fase de libertinagem que consistia de 'atos sexuais'". Mas o Circuit Court of Appeals disse que este caso e o caso *Hoke e Economides* considerados juntos "eram tão fortes que se poderia chegar a uma decisão direta": a Lei sobre o tráfico de escravas brancas não se limitava a casos de escravidão branca[38].

Mais tarde, em 1915, o Supremo Tribunal aparentemente decidiu que a Lei Mann não se aplicava somente aos casos em que a mulher era "praticamente uma escrava"[39]. O Tribunal tinha diante de si a indiciação de uma mulher por associação criminosa com um homem chamado Laudenschlager. Esse homem "teria providenciado o transporte da ré de Illinois para Wisconsin com a finalidade de exercer a prostituição". A defesa alegou que a mulher não

---

38. Hays *v.* United States, 231 Fed. 106 (C.C.A. 8th, 1916): o caso tornou-se, mais tarde, um dos casos Caminetti.
39. United States *v.* Holte, 236 U.S. 140 (1915).

poderia ser culpada de co-autoria do crime, já que ela não poderia cometer o crime principal de violar a Lei Mann, pois seria a vítima transportada. Mas o juiz Holmes sustentou que a ré poderia ser culpada do crime. Não concordava que uma vítima mulher jamais pudesse ser acusada de violar a Lei Mann, dizendo: "Suponha, por exemplo, que uma prostituta profissional, tão capaz de cuidar de si mesma quanto um homem, sugerisse e realizasse a viagem proibida pela lei de 1910, na esperança de chantagear o homem, e comprasse as passagens de trem ou pagasse a tarifa entre a cidade de Jersey e Nova York. Ela estaria enquadrada na lei de 1910 e não vemos razão que impeça a aplicação da lei." Portanto, "nem tampouco vemos razão para não tratar o acordo preliminar entre o homem e a mulher como crime de associação criminosa, que a lei pode alcançar, se abandonarmos a ilusão de que a mulher é sempre a vítima. Os termos da lei punem o transporte de uma mulher com a finalidade de exercer a prostituição mesmo se ela for a primeira a sugerir o crime".

O Tribunal aceitou a idéia de que a mulher poderia ser punida apesar das objeções dos juízes Lamar e Day, que discordaram, em parte, tendo como base a Constituição: "O Congresso não tem poder para punir a imoralidade." Se a "mulher pudesse ser punida por se associar com seu algoz, a idéia fundamental que torna a lei válida seria destruída. Ela não mais seria um objeto de tráfico (...) de modo que seja sujeita a proibições reguladoras dentro da Cláusula do Comércio – mas estaria voluntariamente viajando por conta própria (...)".

Tornou-se claro nos casos *Caminetti*[40], em 1917, quando o Supremo Tribunal empregou a expressão "com qualquer outra finalidade imoral", que o crime organizado não teria que estar necessariamente envolvido. As indiciações consideradas nos casos Caminetti se referiam ao transporte de mulheres com a finalidade de coabitação paga ou com o propósito de torná-las amantes e concubinas, mas não mencionavam o crime organizado ou comercializado.

A defesa invocou o histórico da sanção da Lei Mann, assim como seu título, citando o Relatório da Câmara dos Deputados para "demonstrar que a lei se referia somente ao tráfico comercial"[41]. A defesa aludiu também a uma "comunicação extra-oficial para um de seus subordinados" feita pelo procurador geral, na qual o procurador alegava que a lei em questão "não tinha como objetivo regular a prática de prostituição voluntária, mas apenas impedir proxenetas e exploradores de lenocínio" de exercer seu comércio infame. Tal declaração era "o mesmo que dizer que a lei não enquadra aqueles que se entregam a suas próprias paixões apenas para gratificação pessoal, mas enquadra apenas aqueles que exercem o ofício de explorar as paixões alheias"[42]. Nem o cri-

---

40. Caminetti *v.* United States, 242 U.S. 470 (1917).
41. *Ibid.*, 474.
42. Pedido de novo julgamento 14,15.

me era organizado e comercializado nem as mulheres eram vítimas inexperientes. Em um caso, embora os depoimentos em juízo tenham sido contraditórios, havia provas de que a mulher tinha tomado a iniciativa. Outro caso foi descrito pela defesa da seguinte maneira:

> (...) a mulher exercia a prostituição abertamente e não fingia ser virtuosa. Hays a conheceu, por acaso, na cidade de Oklahoma, onde ele participava de uma convenção de pecuaristas. Após o retorno do homem para sua cidade, uma outra mulher telegrafou para a mulher de Oklahoma e disse-lhe que viesse para Kansas, enviando-lhe o dinheiro para pagar a passagem. Em resposta a esta mensagem, a mulher veio de Oklahoma para Wichita, onde encontrou Hays e prestou-lhe serviços sexuais. Com justiça podemos censurar o homem por se associar com essas mulheres dissolutas, mas essa foi sua única transgressão. Não há, no que concerne à mulher neste caso, nenhuma circunstância agravante. Ainda assim, este homem de boa posição na comunidade, com uma esposa e filhos que dependem dele, foi condenado a dezoito meses de prisão. Foi privado de seus direitos civis, sua esposa ficou sem sustento e seu filho e filha terão de viver para sempre com o estigma de serem filhos de um condenado. E tudo porque cometeu um delito que o estado de Kansas poderia ter punido de forma adequada com uma multa. Se sujeitarmos cidadãos norte-americanos a tais punições, acabaremos, com o tempo, por embrutecer

este povo. Supor que o Congresso dos Estados Unidos tinha isto como objetivo contradiz sua sabedoria e senso de justiça.[43]

O resultado seria o seguinte:

> (...) para cada homem que pode ser enquadrado nesta lei, quando acusado somente de imoralidade, dois homens serão submetidos à extorsão e terão de pagar com dinheiro sujo para proteger a si mesmos, a família e amigos da humilhação que a exposição de seus erros traria.[44]

A acusação baseou-se no sentido literal da frase: "com a finalidade de prostituição ou libertinagem, ou com qualquer outra finalidade imoral". Concordava que a expressão "qualquer outra finalidade imoral" englobava "palavras de sentido tão geral que uma condenação não deveria ser efetuada a partir da interpretação de que tais termos se referiam a atos cuja finalidade fosse toda e qualquer imoralidade". As palavras "deveriam ser limitadas a um gênero do qual as palavras anteriores são espécies". O problema era encontrar o gênero. A alegação dos réus de que o gênero era o "crime comercializado" estava errada porque a prostituição, mas não a libertinagem, envolvia ganho financeiro. A libertinagem somente envolvia "induzir uma moça casta a perder a castidade

---
43. *Ibid.*, 18, 19.
44. *Ibid.*, 20.

(...) O nexo indicativo do gênero é a imoralidade sexual"[45]. Esta conclusão foi fortalecida pelo caso *Bitty*. Além disso, se o gênero estivesse restrito ao crime comercializado, a classe estaria esgotada pelas palavras prostituição e libertinagem e as expressões "finalidade imoral" e "prática imoral" se "tornariam impotentes. Se as palavras específicas esgotam o gênero, não resta nada *ejusdem generis* e, neste caso, temos que dar às palavras gerais um significado fora da classe (...)"[46].

Seria errado, de acordo com a acusação, recorrer ao título e ao histórico de sanção da lei[47]. "Seria ir além do alcance do poder judiciário inserir limitações ou impor condições a partir de considerações discutíveis a respeito das razões que motivaram a lei, ou conjeturar sobre as condições que a lei contemplava ou tencionava acomodar." Além disso, a respeito dos debates, "o redator de um projeto de lei pode explicar seus propósitos aos outros membros da comissão, mas estes podem votar a favor dele porque, no seu entender, o projeto tem um alcance maior ou menor do que o redator declara".

De acordo com o juiz Day, não havia "ambigüidade nos termos desta Lei". A expressão "finalidade imoral" havia sido interpretada pelo Tribunal em uma ocorrência anterior, também vinculada à Lei

---

45. Caminetti *v.* United States, Sumário para os Estados Unidos 15.
46. *Ibid.*, 16, citando United States *v.* Mescall, 215 U.S. 26, 31, 32 (1909).
47. *Ibid.*, 11, 12, citando MacKenzie *v.* Hare, 239 U.S. 299, 308 (1908).

Mann, e essa interpretação "deve, presumivelmente, ter sido do conhecimento do Congresso quando a lei em questão foi promulgada". No caso *Bitty*[48], a expressão "finalidade imoral" incluía a "importação" de uma mulher por um homem com a finalidade de fazê-la sua concubina. A Lei dizia "que a importação de qualquer mulher estrangeira com a finalidade de exercer a prostituição, ou com qualquer outra finalidade imoral, é, pela presente, proibida". Na época, o Tribunal havia dito que "a finalidade imoral que foi alvo da indiciação é da mesma classe geral ou tipo que aquela existente na importação de uma mulher estrangeira com a finalidade estrita de exercer a prostituição. A prostituta pode, no sentido popular, ter um caráter mais dissoluto que a concubina. Mas, apesar disso, pode-se dizer igualmente que a segunda leva uma vida imoral, se houver qualquer preocupação de se seguir os valores quase universalmente aceitos neste país em relação ao que pode, do ponto de vista da moralidade, existir entre uma mulher e um homem em matéria de relações sexuais".

O Tribunal declarou que estava interpretando as palavras de acordo com a "compreensão comum" e o "sentido literal", que não podem ser modificados com referência ao relatório da Comissão da Câmara dos Deputados ou ao título da Lei. Além disso, o fato de que a "Lei, como está escrita, abre caminho para um sem-número de ocorrências de chantagem

---

48. United States *v.* Bitty, 208 U.S. 393 (1908).

não é razão suficiente para os tribunais se recusarem a executá-la conforme seus termos"[49].

No mínimo, o caso *Caminetti* pôs a Lei Mann a caminho de incluir mais do que a escravidão branca. No máximo, importou para o alcance dessa lei todos os atos comumente considerados imorais. A definição sugeria que "qualquer outra finalidade imoral" ia além dos fatos para incluir atos que a "compreensão comum" ou os valores "quase universalmente aceitos neste país" considerariam imoral em matéria de relações sexuais. Esta interpretação ampla parece ter sido aceita pelo presidente do Tribunal Superior Taft em um caso envolvendo a Lei sobre o furto de veículos motorizados (Motor Vehicle Theft Act)[50]. Ele afirmou que a Lei Mann tratava da "prostituição ou concubinato e outras formas de imorali-

---

49. O juiz MacKenna redigiu um parecer discordante, apoiado pelo presidente do Tribunal White e pelo juiz Clark. "A linguagem, mesmo que empregada com maestria, pode não ser suficiente e, assim, dar margem a discordâncias. Então, pergunta-se o seguinte: na pressa de se aprovar uma lei, talvez sob condições somente vistas em parte ou totalmente obscuras, e possivelmente sem uma visão das futuras conseqüências, é surpreendente que se torne necessário, com freqüência, aplicar a norma (da intenção legislativa em vez da linguagem literal)?" O relatório da comissão tinha "melhor qualidade do que os debates na Câmara... Chantagistas de ambos os sexos surgiram, usando os terrores da interpretação agora sancionada por este tribunal como auxílio – de fato, como meio – para seu banditismo. O resultado é sério e deveria nos fazer parar para refletir". 242 U.S. 470, 501, 502 (1918). A respeito do caso Bitty, a lei usada foi diferente, pois era uma emenda a uma lei anterior que proibia a importação de qualquer mulher ou menina estrangeira para os Estados Unidos com "a finalidade de exercer a prostituição". Quando a emenda "ou qualquer outra finalidade imoral" foi adicionada, constituiu-se necessariamente em uma ampliação da lei original.

50. Brooks *v.* United States, 267 U.S. 432 (1925).

dade". A imagem de mulheres sob o jugo de guardiães havia aparentemente desaparecido. Em 1932, o juiz Stone, ao sustentar que a simples aquiescência da mulher não a enquadraria em uma acusação de associação criminosa, disse, sem rodeios: "O Congresso, com a Lei Mann, tratou de casos que freqüentemente, senão normalmente, envolvem o consentimento e a aceitação, por parte da mulher, do transporte proibido."[51] No entanto, os fatos reais do caso *Caminetti* envolviam prostituição paga ou concubinato e também, seria fácil alegar, alguma forma de coerção, embora não a coerção exercida em casos de escravidão branca. Há uma grande diferença entre os fatos e a doutrina ampla de toda imoralidade sexual. Permaneceu, deste modo, uma boa dose de ambigüidade.

As circunstâncias que envolveram o caso *Mortensen*[52] com toda certeza não poderiam ter sido previstas por qualquer um dos membros do Congresso que sancionaram a Lei Mann. No caso em questão, os dois suplicantes, que eram marido e mulher, dirigiam um prostíbulo em Grand Island, no estado de Nebraska. Em 1940, "planejaram uma viagem de carro a Salt Lake City, em Utah, no intuito de fazer uma visita aos pais da sra. Mortensen. Duas moças, empregadas pelo casal como prostitutas, pediram para

---

51. Gebardi *v.* United States, 287 U.S. 112, 121 (1932); o caso Gebardi era marcadamente um caso de polícia local.

52. Mortensen *v.* United States, 322 U.S. 369 (1944).

acompanhá-los. Aproveitariam a oportunidade para tirar férias. Os patrões concordaram e os quatro atravessaram o Yellowstone National Park e, em seguida, seguiram para Salt Lake City, onde fizeram uma estada de quatro ou cinco dias em um camping para turistas. Visitaram os pais da sra. Mortensen como haviam planejado. As moças foram a alguns espetáculos e parques e passearam pelas redondezas. Os quatros empreenderam a viagem de volta a Grand Island no carro do casal. Ao chegarem, dirigiram-se imediatamente para a casa de tolerância pertencente aos suplicantes e acomodaram-se em seus respectivos aposentos". Ao ser instaurado o processo, não foi difícil para a acusação argumentar que, em um determinado momento da viagem, ou seja, no retorno de Salt Lake City, as moças passaram a ser transportadas para Grand Island com propósitos imorais. Por outro lado, foi fácil contra-argumentar que "o único intuito da viagem, desde o início até o fim, era o de proporcionar um divertimento inocente". Não havia provas suficientes para se afirmar que o deslocamento interestadual caracterizava "um expediente premeditado para levar a efeito qualquer tipo de imoralidade sexual", pois tudo levava a crer que ter deixado as moças em Grand Island em nada mudaria a situação. A Suprema Corte viu-se em apuros para julgar este caso, mas o casal teve sua condenação revogada, com uma maioria de cinco votos contra quatro.

Venceu a tese de que o propósito da viagem era inocente. "Em linguagem vulgar, uma viagem interestadual empreendida com finalidade de proporcionar um divertimento inocente constitui o uso do comércio interestadual para tal propósito inocente." E não resta a menor dúvida de que não há necessidade de se conceber o caso sob o prisma do conceito de finalidade imoral, se ele for concebido como pertencente à categoria "férias". No entanto, esta categoria pode conter algo mais do que indica à primeira vista a doutrina da finalidade inocente. Segundo o ministro Murphy, não havia dados suficientes, tanto por parte da defesa como da acusação, para se afirmar com absoluta certeza que "os suplicantes haviam obrigado as moças, contra sua própria vontade, a retornar a Grand Island com propósitos imorais". Assim ele se pronunciou:

> Não questionamos ou reconsideramos aqui nenhuma interpretação prévia desta Lei que pudesse ter levado o governo federal a áreas de regulação não originariamente contempladas pelo Congresso. Mas a experiência na administração do direito nos adverte contra a elaboração de outro capítulo de interpretação e aplicação da Lei Mann, que teria um efeito similar e que tornaria possível uma justificativa adicional ao temor, expresso por ocasião da adoção da referida Lei, de que a amplitude de suas cláusulas "pode fornecer oportunidades sem limites ao roubo e à chantagem e provocar problemas desnecessários sem nenhum benefício correspondente à sociedade".

Punir aqueles que transportam moradores de um prostíbulo em uma inocente viagem de férias de nenhum modo relacionada à prática de suas atividades comerciais escusas está em desacordo tanto com o propósito quanto com a letra da Lei. A tentativa original do Congresso era a de eliminar o tráfico de "escravas brancas" que usa o comércio interestadual e internacional como um meio de explorar e distribuir suas vítimas e "impedir que proxenetas e seus agentes obriguem milhares de mulheres e moças a entrar e permanecer contra sua vontade e desejo em uma vida de prostituição". Claramente, não era esta a situação configurada pelos fatos deste caso.[53]

Em outras palavras, o caso *Mortensen* traz à luz uma reação contra *Caminetti*. O temor de chantagem, o conhecimento de que o Congresso tinha a intenção de eliminar a escravidão branca e a ausência de coação em uma viagem de lazer revestiram de inocência as férias e o respectivo retorno ao lar. No entanto, mais do que os casos *Caminetti*, o caso *Mortensen* apresentava uma ligação mais estreita com a prática da imoralidade com fins lucrativos, pois, afinal de contas, os suplicantes eram donos de um prostíbulo.

Mas se o passeio campestre dos Mortensens não se enquadrava na Lei, o que dizer de uma excursão de quatro quarteirões dentro dos limites do distrito de Columbia, paga pela patroa de uma prostituta?

---

53. *Ibid.*, p. 376.

Esta questão foi aventada no caso *Beach*[54]. A ré era proprietária de uma casa de modas e empregava uma moça como sua assistente. As duas habitavam a mesma casa, que pertencia à ré. Acatando uma sugestão da patroa de que poderia acrescentar um aumento substancial a sua renda se decidisse "vender seu corpo", a moça concordou em trabalhar para ela como prostituta. A ré, então, tratou um encontro amoroso para a jovem no Hotel Hamilton, que ficava a quatro quarteirões de distância do apartamento de ambas. O curto percurso feito em um táxi pago pela ré, que a acompanhou ao referido hotel, transformou-se um uma viagem fatal porque caracterizou transporte com fins de prostituição. O Circuit Court of Appeals for the District revogou a condenação[55]. O ministro Groner, presidente do Tribunal, afirmou que as normas locais do distrito de Columbia se ocupavam da questão de forma tão completa que "praticamente o único local a oferecer uma fuga aos rigores da lei local e a conseqüente liberdade de atuação era a bordo de um balão ancorado". Ao fazer tal afirmação, ele concluiu que, conforme indicavam as normas locais subseqüentes, o propósito do Congresso, tanto na ocasião da aprovação da Lei como depois dela, era o de não aplicar a Lei sobre o tráfico de escravas brancas nos limites do distrito, exceto nos casos em que o tráfico ganhava um contorno

---

54. United States *v.* Beach, 324 U.S. 193 (1945).
55. 144 F. 2d 533 (App. D.C., 1944).

interestadual. Groner admitiu que a letra da Lei não estava a seu favor. No entanto, encontrou respaldo no histórico legislativo da própria Lei Mann, nos casos antecedentes e no "prestigioso *dictum* da Suprema Corte" expresso pelo ministro Murphy em relação ao caso Mortensen. Assim, ele acrescentou que "além disso, se aplicarmos as cláusulas da Lei Mann a casos circunscritos a uma localidade, devemos também exigir de nós mesmos a aceitação das conseqüências implícitas na doutrina do caso Caminetti"[56].

Não era esta a opinião da Suprema Corte. O posicionamento *per curiam** da maioria ditou que, "ao sancionar a Lei Mann, o Congresso tornou perfeitamente claro nos informes da Comissão (...) que ela se destinava a punir também o transporte que ocorresse integralmente nos limites do distrito (...)". Como réplica ao voto dissidente que se seguiu, a Suprema Corte assim se pronunciou: "Nenhuma outra questão foi considerada ou decidida perante o juízo *a quo* ou discutida nesta instância nos argumentos e memoriais do conselho de juristas aqui presente, e não decidiremos nenhuma outra." Ainda

---

56. O ministro Groner, presidente do Tribunal, citou as seguintes palavras extraídas do voto de dissensão do ministro Frankfurter, no caso United States *v.* Monia, 317 U.S. 424, 432 (1943): "Uma lei, como qualquer outro organismo vivo, deriva significância e sustentação do ambiente que a cerca, do qual não pode ser separada sem que sofra mutilação. Esta máxima é verdadeira especialmente no caso em que a lei, como esta que temos diante de nós, é parte integrante de um processo legislativo e possui um lastro e um propósito. Não se pode alcançar o significado pleno de tal lei quando se confina sua análise aos próprios termos nela contidos."

* Do tribunal como um todo. (N. da T.)

que não se saiba se o argumento se limitava a isso, o ponto central invocado pela defesa resumia-se no fato de que a Lei Mann não deveria abranger assuntos meramente locais. Além de invocar o histórico da sanção da Lei Mann, a ré referiu-se à existência sistemática do "mesmo costume, já estabelecido há mais de um quarto de século, de nunca aplicar a Lei Mann sobre o tráfico de escravas brancas para processar qualquer indivíduo em caso de transporte integralmente realizado dentro das fronteiras do distrito de Columbia"[57].

---

57. United States *v.* Beach, Memorial de oposição ao *certiorari* 15-17. "Quando do início da aplicação da Lei Mann sobre o tráfico de escravas brancas, o Ministério da Justiça adotou o critério oficial de restringir a instrução de processos a casos que envolvessem comércio com fins lucrativos. Apesar de os casos Diggs-Caminetti terem sido julgados por esta corte em 15 de janeiro de 1917, o Ministério da Justiça, na circular de número 647, datada de 26 de janeiro de 1917, chamou a atenção para o fato de que a política adotada pelo Ministério não seria alterada e instruiu os procuradores da Justiça dos Estados Unidos como se segue: 'Esta decisão não parece comportar nenhuma alteração na política geral que tem sido levada a cabo nos últimos seis anos, com resultados satisfatórios, no que diz respeito à aplicação da referida lei. Em 28 de julho de 1911 (documento de número 145825-65 constante nos Arquivos deste Ministério), declarou o procurador da Justiça do Estado Wickersham: "Tecnicamente, um caso desta natureza (concubinato) estaria enquadrado dentro da lei... Os tribunais devem usar de cautela na aplicação do direito federal... para evitar que se transformem em tribunais ordinários que convocam sessões trimestrais para tratar de... *violações aos códigos policiais da comunidade, matérias da alçada de tribunais locais.*" [Grifo do autor]. Desde o começo, os procuradores da Justiça distritais foram assim aconselhados pelo Ministério da Justiça: "Com relação aos casos específicos, este Ministério deve confiar na discrição dos procuradores da Justiça distritais, que tomam conhecimento dos fatos por intermédio de sua fonte original, têm a oportunidade de entrevistar pessoalmente as testemunhas... e julgar se existem motivos, se algum existir, que os levam a considerar que, ao optarem pela instrução do processo com base nas leis federais em lugar das normas do estado que tem jurisdição, os fins da justiça foram mais bem servidos." Como diretriz para o

O voto de dissidência do ministro Murphy refere-se a algo de caráter muito mais central. Com toda certeza, a Lei aplicava-se ao tráfico de escravas brancas praticado unicamente nos limites do distrito. A dificuldade residia no fato de que não estava carac-

---

exercício da discrição em casos que não envolvem fins lucrativos, aconselha-se que podem receber uma consideração apropriada os casos em que se constatam manobras ardilosas fraudulentas e aqueles em que estão envolvidas mulheres ou moças previamente castas ou muito jovens (quando as leis estaduais são inadequadas), mulheres casadas (com filhos menores de idade) na ocasião morando em companhia de seus maridos; que os casos de chantagem devem, na medida do possível, ser evitados e que sempre que a própria mulher, voluntariamente e sem nenhuma manobra ardilosa, tenha sido conivente com os planos criminosos, ela, também, se o caso der mostras de assim o exigir, deve ser processada como partícipe.' Tal política administrativa deste Ministério continua em vigor. O Governo dos Estados Unidos adota sistematicamente o mesmo costume, já estabelecido há mais de um quarto de século, de jamais aplicar a Lei Mann sobre o tráfico de escravas brancas para processar qualquer indivíduo em caso de transporte integralmente realizado dentro das fronteiras do distrito de Columbia. O fato de o Governo Federal nunca usar de suas atribuições para aplicar a Lei Mann localmente no distrito de Columbia tem recebido o apoio das autoridades locais. No distrito de Columbia a pena máxima para o crime de fornicação é o pagamento de uma multa de cem dólares ou seis meses de prisão, ou ambas as penalidades; o crime de adultério recebe tratamento idêntico, sendo também considerado um delito de pouca gravidade. Tendo em vista o grau leve de punição para os crimes acima mencionados, seria absurdo argumentar que o Congresso pretendeu transformar em crime hediondo e abominável, para o qual se prescreveria uma pena severa, uma corrida de táxi de pouco mais de três quarteirões, utilizada para a prática dos referidos delitos de pouca gravidade, com a observação adicional de que foi realizado um transporte dentro das fronteiras do distrito de Columbia.

Mas note-se a petição governamental para que seja impetrado um *certiorari*, constante nas páginas 4 e 5: "Tal como demonstrou o procurador da Justiça dos Estados Unidos em um memorando suplementar, redigido com a finalidade de apoiar, perante o juízo *a quo*, uma moção de um novo julgamento, entendeu-se anteriormente que a Lei Mann aplica-se ao transporte dentro do distrito de Columbia. Embora tivesse apontado que é impossível calcular o número exato de condenações baseadas em tais teorias, o procurador da Justiça referiu-se especificamente a quatro disposições legais desse tipo durante os anos 1936-1937."

terizada a escravidão branca e a prostituição era um ato voluntário. A interpretação anterior da lei era errônea, pois ignorava "o inequívoco propósito do Congresso" e resultou na punição de "todo e qualquer indivíduo que venha a transportar uma mulher com finalidades imorais, mesmo que não tenha relação com o tráfico de escravas brancas". Com isso, aplicavam-se castigos injustos e instituía-se a prática da chantagem. "Nem o princípio do *stare decisis* nem nenhuma outra norma, legislada, ou fundamentada na argumentação, poderia justificar semelhante resultado." A Suprema Corte havia acrescentado "outro exemplo da aplicação distorcida e grotesca" ao "já funesto currículo" da Lei Mann.

Foi possível decidir o caso *Beach* em razão da limitação da questão julgada, que foi levantada e enfatizada sem necessidade de uma reavaliação do caso *Caminetti* ou da ampla interpretação da Lei formulada por este, segundo a qual estavam incluídos na lei todos os atos normalmente considerados sexualmente imorais. O caso *Cleveland contra os Estados Unidos*[58] não deu margem a um subterfúgio nos mesmos moldes. Os réus eram mórmons que defendiam e praticavam a poligamia. Foram processados e condenados com base na Lei Mann por terem transposto as fronteiras estaduais em companhia de suas múltiplas esposas. As condenações foram confirmadas.

---

58. 329 U.S. 14 (1946).

A opinião majoritária, expressa pelo ministro Douglas, segue as linhas adotadas pela acusação no caso *Caminetti*. O problema centrava-se na aplicação da expressão "ou qualquer outra finalidade imoral". A expressão não se limitava a relações sexuais pagas, apesar de a Lei Mann ter como objetivo principal reprimir a prática da escravidão branca. A palavra "prostituição" sugeria relações sexuais pagas; mas não assim necessariamente a palavra "libertinagem". Portanto, com base na norma *ejusdem generis*, embora os termos gerais não pudessem ser usados para ampliar a classe, eles também não podiam ser mais estreitamente confinados do que a classe da qual fazem parte. A prática da poligamia "já foi há muito estigmatizada pelo direito como uma prática imoral (...) Nossa sociedade a repudia e marginaliza os polígamos". A poligamia já fora considerada pela Corte Suprema como "contrária ao espírito do cristianismo e da civilização que o cristianismo produziu no mundo moderno". A religião não serviria de escudo aos réus; o Congresso havia estabelecido o critério de imoralidade. Posto que a opinião majoritária não o afirme de maneira explícita, o parâmetro seguido foi o dos casos *Caminetti*, de grande amplitude. A Corte afirmou que não "se deteria para reexaminar o caso *Caminetti* no intuito de determinar se a Lei Mann fora aplicada adequadamente aos fatos ali apresentados. No entanto, aderimos à sua doutrina, vigente há cerca de trinta anos, segundo a qual a Lei Mann não se restringe à finalidade de coibir a prática de transações interestaduais com o objetivo de se comercializar o sexo, embora tenha sido este seu intuito primeiro". Mas, na realidade, a Corte foi além. Ela tomou o caso *Caminetti* em seu sentido mais amplo. O voto de dissidência do ministro Murphy não provocou surpresas. O fato de o caso *Caminetti* ser um caso antigo "não justificava que se perpetuasse. O princípio do *stare decisis* não exige de um tribunal que ele persista em um erro pelo qual foi responsável". Além do mais, o caso *Caminetti* baseava-se em fatos bem diferentes. Afinal de contas, a poligamia era uma forma de união conjugal. A Suprema Corte a entendia como sendo "basicamente uma instituição cultural com raízes profundas em crenças religiosas e nos hábitos e costumes tradicionais das sociedades em que ela aparece". Não pertencia, com toda certeza, ao mesmo gênero de "'prostituição', 'libertinagem' e outras palavras do mesmo quilate". Presumivelmente, os ministros Black e Jackson viram uma distinção semelhante, pois também apresentaram votos dissidentes, fundamentados no fato de que "a confirmação requer uma extensão da norma instituída no caso *Caminetti*. Como as dúvidas que pairam a respeito de sua retidão são muitas, ela deve ao menos manter-se restrita aos fatos específicos do caso em questão".

O problema do processo jurídico foi discutido de maneira explícita no voto do ministro Rutledge, que não acreditava ser possível, "de uma maneira racional, revogar as condenações e, ao mesmo tempo, agir em conformidade com o caso *Caminetti* e com as decisões posteriores, perpetuando a doutrina deles resultante". Em sua opinião, o caso *Caminetti* fora decidido erradamente. Ou, no mínimo, "havia expandido o âmbito da Lei Mann, ultrapassando a intenção e o propósito do Congresso, como bem demonstrou o voto do senhor ministro McKenna". Mas a doutrina do caso *Caminetti* "não foi invalidada e continua a ter força de lei até que a maioria dos membros desta Corte concorde que seja essa a solução adequada e tome medidas efetivas para levá-la a termo. Como isto não aconteceu, acato a decisão desta Corte". Rutledge não esclareceu os motivos de tal decisão.

Mas, com estas palavras, ele indicou que o Tribunal estava livre para não usar mais o caso *Caminetti* como parâmetro. Não cabia à Corte Suprema "transferir para o Congresso a responsabilidade pela perpetuação de um erro da própria Corte". Aparentemente, esta transferência de responsabilidade seria equivalente a dizer que o silêncio do Congresso era uma forma de ratificar a interpretação errônea. Mas nem sempre tal silêncio pode ser um sinal de consentimento. Talvez o fato de o Congresso não ter repudiado a má interpretação fosse devido "simplesmente à urgência pura e simples imposta por assuntos mais importantes e de outra natureza. Às vezes, as considerações políticas podem entrar em ação para que não se exerça uma ação corretiva. E, em tais casos, assim como em outros, pode existir uma forte tendência para se confiar aos tribunais a tarefa de corrigir seus próprios erros". Rutledge não sabia "se teria sido possível haver um consenso da maioria favorável à doutrina do caso *Caminetti* desde o momento em que foi adotada até agora". Não se podia negar que dois projetos de lei haviam sido apresentados no sentido de limitar o efeito do caso *Caminetti* e que "nenhum deles fora retirado da comissão". Mas, "em tais circunstâncias, o fato de o Congresso não ter apresentado emendas à Lei Mann não permite que se chegue a nenhuma conclusão a respeito de suas intenções".

A trajetória da Lei Mann revela a ambigüidade da intenção legislativa. Esta ambigüidade se resolve parcialmente com uma interpretação decisiva da Lei, como se fez no caso *Caminetti*. Os termos usados pela Suprema Corte no caso em questão não foram um mero *dictum*. Eles forneceram à Lei uma diretriz, que foi adotada. Assim, a restrição imposta à liberdade da Corte de realinhar os casos coloca a interpretação legislativa em um campo distinto do que é ocupado pelo desenvolvimento característico do direito jurisprudencial.

Os juízes que assumiram posições dissidentes queixaram-se da perda de liberdade. Por duas vezes, durante seu pronunciamento a respeito do silêncio do Congresso, o ministro Rutledge sugeriu que o leitor se reportasse ao caso *Girouard contra os Estados*

*Unidos*⁵⁹. Ele fazia referência a uma outra opinião majoritária redigida pelo ministro Douglas. O problema em questão era a aplicação da Lei da Naturalização a um estrangeiro que se recusara a pegar em armas para defender o país. Em ocasiões anteriores, a Suprema Corte, debaixo de fortes críticas, havia decidido que tais indivíduos não deviam obter a cidadania. Dessa vez, porém, discordou da interpretação estabelecida pelos casos anteriores: "Com referência à proposição original, não podemos estar de acordo com esta norma." Este mesmo método havia sido usado em outra ocasião pelo ministro Frankfurter no caso *Hutcheson*⁶⁰. Pode-se considerar que ambos os casos, *Girouard* e *Hutcheson*, envolvem grandes princípios. O caso *Hutcheson* refere-se ao direito de organização dos trabalhadores e o caso *Girouard* aborda uma questão primordial de liberdade civil. E em ambos a Suprema Corte contrariou as interpre-

---

59. 328 U.S. 61 (1946); cf. Special Equipment Co. *v.* Coe, 324 U.S. 370 (1945). Existem outros problemas relacionados a este. A teoria da interpretação legislativa aqui apresentada restringiria a capacidade da Suprema Corte de desenvolver o direito fora dos limites do texto jurídico por intermédio do direito jurisprudencial, se as interpretações anteriores tiverem fixado as diretrizes de modo que o texto jurídico pudesse englobar toda esta área. Ver President and Directors of Manhattan Co. *v.* Morgan, 242 N.Y. 38 (1926); cf. International News Service *v.* Associated Press, 248 U.S. 215 (1918). Quando se interpreta uma lei para se aludir a qualquer outra área de poder outorgado pela Constituição, a lei muda junto com a Constituição. Ver United States *v.* South-Eastern Underwriters Ass'n, 322 U.S. 533 (1944); cf. Helvering *v.* Griffiths, 318 U.S. 371 (1943), e Montana Horse Products Co. *v.* Great Northern Ry. Co., 91 Mont. 194 (1932); ver Lyon, *Old Statutes and New Constitution*, 44 Col. L. Rev. 599 (1944).

60. United States *v.* Hutcheson, 312 U.S. 219 (1941).

tações anteriores. As tentações para agir assim eram grandes. Segundo as palavras do ministro Douglas, "a trajetória de aplicação da Lei de Naturalização era recheada de equívocos". No entanto, ele já havia indicado que se tratava de uma retomada substancial das cláusulas correspondentes da lei anterior, que haviam sofrido uma interpretação diferente. Ele diz ainda em seu voto que "o silêncio do Congresso e sua inércia são tão compatíveis com um desejo de não dar uma solução definitiva para o problema como são com a adoção, pelo silêncio, dos precedentes estabelecidos naqueles casos". O presidente do Tribunal, que discordou da maioria, assim replicou: "Para nós, fazer semelhante afirmativa equivale a desencorajar e por que não dizer, negar a responsabilidade legislativa."

O ministro-presidente do Tribunal Superior não achou que se tratava de uma questão constitucional. "Não foi questionado o poder constitucional do Congresso de não conceder cidadania com base nestes fundamentos. Esse poder jamais foi posto em dúvida." Mas talvez a justificativa para o voto majoritário seja uma referência indireta à Constituição. "Através dos séculos, a luta pela liberdade religiosa", escreveu o ministro Douglas, "tem representado um esforço para acomodar as exigências do Estado à consciência do indivíduo. A vitória da liberdade de pensamento, constante da nossa Declaração de Direitos, reconhece que, no terreno da consciência, existe um poder moral maior do que o

Estado. A História nos mostra que o homem prefere morrer a subordinar sua aliança com Deus à autoridade do Estado. A liberdade religiosa, garantida pela primeira emenda da Constituição, é o produto desta luta". Na verdade, o voto não se apóia na Constituição. Ao contrário. Sua diretriz estava expressa na seguinte frase: "Não acreditamos que o propósito do Congresso fosse o de contrariar a linha de pensamento contida na Constituição sobre a liberdade de culto, quando esteve a seu cargo formular o juramento para os cidadãos naturalizados. Não se deve inferir um afastamento tão abrupto e radical de nossas tradições."

Mas o apelo à Constituição é importante. Normalmente, para que um princípio tenha uma magnitude suficiente para justificar uma mudança de rumo na interpretação legislativa, é necessário que ele seja objeto de interesse da Constituição. "A adoção do princípio do *stare decisis* costuma ser a melhor escolha", escreveu o ministro Brandeis. Disse ele ainda que "o *stare decisis* deve ser usado mesmo quando o erro anterior constitui uma preocupação séria, sempre que sua correção possa ser efetuada pela legislação"[61]. Mesmo nos casos em que a correção foi

---

61. Burnet *v.* Coronado Oil & Gas Co., 285 U.S. 393, 406 (1931); Helvering *v.* Hallock, 309 U.S. 106 (1940); Wright *v.* Union Central Ins. Co., 311 U.S. 273, 280 (1940); United States *v.* Line Material Corp., 68 S. Ct. 550 (1948); cf. U.S. *v.* South Buffalo Ry. Co., 333 U.S. 771 (1948); A Receita Federal *v.* Espólio de Churck, 335 U.S. 632 (1949); Douglas, *Stare Decisis*, 49 Col. L. Rev. 735 (1949).

possível, a Constituição poderia justificar uma possível mudança de atividade por parte da Suprema Corte. No caso *Erie contra Tompkins*[62], o ministro Brandeis considerou ter havido um erro de interpretação do Ato do Poder Judiciário. O voto apóia-se em parte na pesquisa de um "intelectual competente" sobre a intenção do Congresso – um passo extraordinário. Mas o ministro Brandeis teve o cuidado de dizer que a doutrina errônea não teria sido abandonada se tivesse estado em jogo apenas uma questão de interpretação da lei. Foi a "inconstitucionalidade do rumo escolhido que nos levou a adotar este procedimento".

Não se trata de concluir que o silêncio do Congresso tenha algum significado. Trata-se sim de um problema de responsabilidade e ação eficaz. Dizer que é necessário que esteja em jogo a Constituição para que a Suprema Corte possa mudar a interpretação de uma lei é colocar a responsabilidade onde ela cabe. Mas isto não fecha o caminho para a ação dos juízes se o problema for considerado vital.

Nem sempre se acata a doutrina do caráter definitivo das decisões anteriores que estabelecem a linha de interpretação de uma lei. Ademais, o apelo à Constituição exigido pela doutrina pode parecer descabido, se ela for entendida como uma questão de

---

62. 304 U.S. 64 (1938); ver Clark, *State Law in Federal Courts: The Brooding Omnipresence of Erie* v. *Tompkins*, 55 Yale L. J. 267 (1946); cf. Voto do presidente do Tribunal Superior, ministro Stone, em United States *v.* South Eastern Underwriters Ass'n, 322 U.S. 533, 579 (1944).

interpretação constitucional – não porque a interpretação da Constituição esteja errada, mas porque o apelo é feito de maneira que se evite qualquer interpretação. No entanto, a doutrina não era e não é apenas descritiva. Mais do que qualquer outra doutrina no campo do precedente, ela serviu para limitar a liberdade da Corte. Ela marca uma diferença essencial entre a interpretação legislativa, de um lado, e o direito jurisprudencial e a interpretação constitucional, de outro.

Capítulo IV

Muitos criticam o poder de invalidar atos legislativos que, segundo a Suprema Corte, é conferido aos juízes pela Constituição escrita dos Estados Unidos. Com palavras que lembram as que foram proferidas pelo presidente do Supremo Tribunal, ministro Marshall, ao discorrer sobre o caso *Marbury contra Madison*[1], o ministro Roberts explicou que o processo se dá da seguinte forma: colocam-se lado a lado o artigo da Constituição e a lei impugnada e, então, decide-se se "a segunda enquadra-se no primeiro". Para ele, "tudo que a Corte faz, ou pode fazer, é emitir seu parecer sobre o assunto. O único poder que ela detém, se é que detém algum poder, é o de julgamento. A Corte não aprova nem condena nenhuma prática legislativa"[2]. Mas, como se pode ver, ao mesmo tempo que não aprova nem condena, no exercício do julgamento, a Corte de fato tem de determinar

---
1. I Cr. (U.S.) 137 (1803).
2. United States *v.* Butler, 297 U.S. I, 62 (1936).

se existe alguma relação entre o que foi feito e um dos grandes ideais personificados na Constituição. O problema de se enxergar esta relação não difere tanto de pronunciar-se a respeito do critério da legislação, como pensam alguns. É grande a probabilidade de o ministro não encontrar dificuldades em analisar propostas com as quais já deparou muitas vezes em sua vida profissional e que, portanto, lhe são familiares. Mesmo aquelas que soam descabidas poderão, a seus olhos, estar relacionadas com a Constituição. Mas aquelas que, além de descabidas, são absolutamente novas representam para ele um desafio bem maior.

Além do poder de impugnar atos legislativos, uma constituição escrita confere um outro poder, cuja importância talvez seja idêntica. Trata-se do poder de desconsiderar os casos anteriores. "A pedra de toque fundamental da constitucionalidade é a própria Constituição, e não o que dizemos a seu respeito", avaliou o ministro Frankfurter num depoimento[3]. O problema do *stare decisis* nos casos em que uma constituição está em questão é, portanto, uma questão inteiramente diferente daquela que envolve o direito jurisprudencial ou a legislação. Isto nem sempre é levado em conta quando o tribunal é condenado por ter mudado de opinião. Vez por outra, quando existe uma constituição escrita, uma mudança de opinião é inevitável. Não pode existir uma interpretação

---

3. Graves *v.* New York, 306 U.S. 466, 491 (1939).

definitiva da Constituição. A Constituição, em seus dispositivos gerais, personifica os ideais conflitantes de uma comunidade. Quem está habilitado a dizer de maneira definitiva o que estes ideais significam? Certamente não aqueles que os formularam, pois já cumpriram a tarefa que lhes coube no momento em que os colocaram sobre o papel, mas as palavras são ambíguas. Tampouco se pode dizer que a Suprema Corte está habilitada a fazê-lo, porque não é seu papel comprometer-se a este ponto; é sempre possível invocar retroativamente a Constituição. Ademais, quando se parte do princípio de que deve prevalecer a intenção dos constituintes, não existe nenhum mecanismo capaz de determinar de forma decisiva esta intenção. Ao problema da ambigüidade e ao fato adicional de que os constituintes podem ter tido a intenção de criar um instrumento vivo e em permanente evolução, alia-se a influência do respeito à Constituição. Essa influência é responsável pela ampla liberdade de um tribunal, que pode sempre abstrair do que foi dito para recorrer ao próprio documento escrito. Trata-se de uma liberdade maior do que ele usufruiria se tal documento não existisse. Ao se comparar essa prática com a prática inglesa, encontra-se uma diferença reveladora. No entanto, dela se pode deduzir apenas que uma constituição escrita, freqüentemente considerada um instrumento capaz de revestir de rigidez um sistema, deve proporcionar uma flexibilidade para que a supremacia judicial possa ser instaurada.

Cabe dizer que a doutrina deveria ser outra; tanto a interpretação da Constituição como a das leis deve permanecer invariável para permitir que a nação tenha oportunidade de efetuar modificações valendo-se de mecanismos legislativos, como a Assembléia Constituinte ou a reforma da Constituição. Mas esta não é uma solução fácil. Tem-se de enfrentar as dificuldades de se aprovar uma emenda constitucional e vencer a resistência de um tribunal que obstinadamente se recusa a interpretar palavras de uso corrente de uma maneira que os cidadãos comuns acreditam ser apropriada. A solução mais abrangente está em aceitar que uma constituição escrita deve encerrar ambigüidades profundas em suas cláusulas gerais. Se houve uma interpretação incorreta das palavras, uma emenda praticamente repetiria as mesmas palavras. O ideal seria uma ênfase diferente, não uma linguagem diferente. Isto equivale a dizer que o que se necessita é uma interpretação diferente e não uma emenda.

Assim, a interpretação constitucional não pode ser tão coerente quanto a aplicação das leis ou a evolução do direito jurisprudencial. Ela sofre desvios em seu rumo; ocasionalmente ocorrem mudanças bruscas. A interpretação algumas vezes se mantém congruente durante um certo tempo ou em relação a um determinado assunto. Os juízes adquirem prática em usar o raciocínio por analogia em qualquer situação e, em certas áreas, os casos serão comparados e ampliados. Não se pode abrir mão totalmente da coerência. O pronunciamento do ministro Roberts corrobora esta tese. Ao mudar seu voto, ele provocou um dos desvios de rumo mais dramáticos da história recente da Suprema Corte. No entanto, mais tarde, queixou-se de que revogações em demasia eram prejudiciais, pois tendiam a "equiparar as decisões da Suprema Corte a uma passagem de trem de validade restrita, que serve apenas para um determinado dia e percurso"[4]. Poderá haver alguma coerência, mas não será a do direito jurisprudencial ou da interpretação legislativa.

As diferenças saltam aos olhos de imediato. Cada conceito principal expresso no documento personifica certos ideais postos em conflito. A cláusula comercial, por exemplo, representa em épocas diferentes as virtudes da autonomia e a glória e o vigor de uma nação. As opiniões conflitantes são representadas por categorias satélites que interpretam a palavra escrita. Nenhum conceito satélite pode ser o dominante. As palavras-chave escritas no documento são ambíguas demais, assim como o são os ideais, e nenhuma interpretação pode ser decisiva. As palavras satélites são usadas sabendo-se que elas envolvem os problemas crônicos do governo: a relação entre os problemas do indivíduo, o Estado e os direitos de propriedade. No sistema norte-americano, o quarto problema, que reside na distribuição dos poderes

---

4. Smith *v.* Allwright, 321 U.S. 649, 669 (1944); cf. London Street Tramways Co. *v.* London County Council (1895) A.C. 375, 380.

dentro do sistema federativo, agrava o quadro. Os conceitos do direito jurisprudencial se ocupam de algumas dessas mesmas questões mas de uma maneira menos óbvia. Em um caso constitucional se reconhece expressamente que o problema consiste na relação entre o que se busca fazer e os ideais da comunidade. A relação e a conseqüência devem ser debatidas. Quando a ênfase recai nas conseqüências os exemplos hipotéticos tornam-se mais importantes.

Talvez seja mais fácil para o tribunal ver tal relação quando o problema não parece suscitar grandes controvérsias. Os tribunais que irão adotar uma posição neutra durante uma controvérsia (o que faz parecer importantes todos os tipos de casos hipotéticos) podem adotar a mesma posição quando um assunto de menor vulto está em questão. A situação se repetirá se o raciocínio por analogia mais tarde puder cumprir este papel. Se o intuito for fazer com que o tribunal veja a relação, então o *memorial Brandeis**, que tenta fazer isso, é menos significativo do que a discussão geral anterior e os estudos de caráter social que exerceram influência sobre a comunidade. Em outras palavras, o memorial Brandeis é importante, não tanto para o caso no qual é usado, como para al-

---

* Louis D. Brandeis, famoso advogado de causas públicas, de tendências progressistas. Em 1916 foi nomeado presidente da Suprema Corte. Seu nome tornou-se um marco na história do direito norte-americano ao demonstrar, em um memorial de grande poder de argumentação e recheado de provas, que a jornada de trabalho excessiva era prejudicial às mulheres, sob todos os aspectos, e sua redução traria vantagens sociais e econômicas. (N. da T.)

gum caso posterior, quando a análise que ele contém foi aceita pela comunidade. Os exemplos usados no bem-sucedido memorial do governo no *caso Darby* (*lei Fair Labor Standards*) foram semelhantes, e algumas vezes idênticos, aos que foram usados no malsucedido memorial no caso *Child Labor*. O que mudou foi a comunidade, não os memoriais.

A conseqüência disso é que uma constituição não pode impedir mudanças; na verdade, ao se permitir que se invoque a Constituição, concede-se maior liberdade de ação ao tribunal, abrindo caminho para a mudança. O resultado possível disto em alguns campos pode parecer alarmante. Serve, no entanto, para nos lembrar de que "a proteção definitiva deve ser encontrada no próprio povo"[5].

---

5. *The Task of Administrative Law*, 75 U. of Pa. L. Rev. 614, 618 (1927). Como exemplo do uso de uma constituição escrita para justificar uma mudança de postura, podemos citar a atitude dos Estados Unidos perante o Conselho de Segurança das Nações Unidas, por ocasião da imposição do cumprimento da lei que determinava a divisão da Palestina. Em sua edição de 25 de fevereiro de 1948, o jornal *The New York Times* publicou as seguintes palavras do delegado dos Estados Unidos:

"A recomendação da Assembléia Geral faz três petições distintas ao Conselho de Segurança.

"A primeira – (A) – solicita ao Conselho que 'tome as medidas necessárias, previstas no plano para sua implementação...'

"Passamos agora às duas seguintes petições da Assembléia Geral, tal como foram relatadas na resolução de 29 de novembro. Elas invocam o amplo poder de manutenção da paz que, segundo a Carta das Nações Unidas, o Conselho de Segurança detém. A petição B solicita ao Conselho de Segurança que considere se a situação da Palestina durante o período de transição constitui uma ameaça à paz.

"A terceira petição da Assembléia Geral – (C) – solicita ao 'Conselho de Segurança que ele determine que toda e qualquer tentativa de se alterar, mediante o uso da força, o acordo contemplado por esta resolução caracteriza

A evolução na aplicação de uma cláusula constitucional pode ser demonstrada em relação ao poder do governo federal de proibir o comércio. Esse foi o problema constitucional levantado pela Lei Mann. Na abordagem desta questão, o conceito satélite de mercadorias ilícitas evoluiu. O próprio conceito é revelador, pois, como será demonstrado, uma mercadoria ilícita é apenas um exemplo de um caso no qual

---

uma ameaça à paz, um rompimento da paz ou um ato de agressão, como reza o Artigo 39 da Carta...'
"As petições B e C da resolução da Assembléia, acima mencionadas, levantaram questões constitucionais a respeito dos poderes do Conselho de Segurança segundo a Carta. Quais são estes poderes?...
"Embora investido de poder para adotar medidas para a manutenção da paz sem a convocação das forças armadas – e, em condições normais, ele tentaria adotá-las –, o Conselho de Segurança está autorizado pela Carta a convocar estas forças, se considerar insuficientes as outras medidas. Todos os membros das Nações Unidas, seja qual for sua postura, ficam obrigados a ajudar o Conselho a preservar a paz, se o Conselho de Segurança determinar que ela está sob ameaça.
"Se o Conselho de Segurança decidir que é necessário convocar as forças armadas para manter a paz mundial em relação à Palestina, os Estados Unidos estariam dispostos a consultar a Carta Magna, no intuito de descobrir que ações serão necessárias para a manutenção da paz mundial. Tendo em vista o fato de que ainda não se obteve um acordo que colocaria as forças armadas à disposição do Conselho de Segurança, conforme os termos do artigo 43 da Carta, esta consulta torna-se imperiosa.
"O Conselho de Segurança está autorizado a adotar medidas efetivas com respeito à Palestina para eliminar a ameaça à paz mundial. A Carta das Nações Unidas não faculta ao Conselho de Segurança o poder de efetuar um compromisso político em cumprimento de uma recomendação quer da Assembléia Geral, quer do próprio Conselho.
O que foi dito traduz-se da seguinte maneira: De acordo com a Carta, o Conselho de Segurança pode atuar no sentido de evitar uma agressão externa contra a Palestina. Em virtude de tais prerrogativas, o Conselho está autorizado a atuar no sentido de evitar uma ameaça à paz mundial e à segurança interna da Palestina. Mas esta atuação deve ter como único alvo a manutenção da paz mundial. Em outras palavras, a atuação do Conselho de Segurança deve restringir-se à manutenção da paz, e não impor a separação."

a Suprema Corte é capaz de ver a relação entre a regulamentação ou a proibição e os ideais da comunidade. E como a Suprema Corte tem-se mostrado capaz de ver esta relação para alguns itens, o raciocínio por analogia tem sido capaz de ampliar a categoria. A analogia com o gado enfermo e com os bilhetes de loteria, temas de discussão durante a votação da Lei Mann, não pretendia despertar risos. As leis que hoje regulamentam o salário mínimo e a jornada de trabalho devem, de uma certa maneira, sua existência a bêbados, rebanhos doentes, defraudadores, prostitutas, ladrões de automóveis, seqüestradores, presidiários e todos aqueles que buscavam controlá-los.

A Constituição não afirma que o Congresso deve "preservar a moral da sociedade, tornando ilegal o transporte interestadual de mulheres com finalidade imoral"[6]. O estilo é ao mesmo tempo simples e ambíguo: "O Congresso terá o poder de regular o comércio com nações estrangeiras, o comércio entre (*among*) os vários estados da federação, e o comércio com as tribos indígenas." Na ausência de algum mecanismo capaz de obter uma resolução legal, nem o sentido literal nem a intenção dos constituintes podem ser conclusivos. Mesmo que as palavras fossem empregadas conforme o significado que tinham

---

6. Carter *v.* Carter Coal Co., 298 U.S 238 (1936), *Brief for Government Officers* 127. Ver, em geral, Stern, *The Commerce Clause and the National Economy* 1933-46; 59 Harv. L. Rev. 645, 883 (1946); Hamilton and Adair, *The Power to Govern* (1937); Sharp, *Movement in Supreme Court Adjudication: A Study of Modified and Overruled Decisions*, 46, Harv. L. Rev. 361, 593, 795 (1933).

quando foram escritas, elas poderiam receber um emprego amplo ou restrito. Nos anos subseqüentes, a palavra *among* ("entre vários"), neste contexto, recebeu a conotação de *between* ("entre dois"), mas durante todo o período significou também "entremesclado com" (*intermingled with*)[7] – um termo que poderia preservar ou obliterar o poder dos estados. A palavra "comércio" pode ter sido usada para "referir-se a toda a economia monetária – aos processos utilizados pelo homem para obter dinheiro, tanto pela produção ou fabricação de bens para a venda quanto pela troca de mercadorias produzida por outrem"[8]. Também pode ter incluído somente "a comercialização dos produtos depois de concluído o processo de fabricação", e não "a indústria, a mineração e a agricultura como tais"[9]. Talvez a palavra "comércio" tenha sido usada com uma abrangência suficiente para incluir o trânsito de artigos móveis, como parte do tráfego, mesmo se esses artigos não fossem o que hoje receberia o adjetivo "comerciais".

Até certo ponto, é possível que os constituintes tenham tido a intenção de permitir que o governo federal interviesse "sempre que os governos estaduais se mostrassem ineficientes" ou nos casos em que "a harmonia dos Estados Unidos corresse o risco de

---

7. Stern, *That Commerce Which Concerns More States Than One*, 47 Harv. L. Rev. 1335, 1347 (1934).
8. United States *v.* Darby, 312 U.S. 100 (1941), *Brief for United States* 51-52.
9. Stern, *op. cit. supra* em nota 119, p. 1346.

ser quebrada pelo exercício de uma legislação individual". Assim ficou deliberado na Sexta Resolução da Virginia, que foi adotada pelo Congresso. Mas a delegação de poder ao governo federal, contida na cláusula comercial, guarda uma semelhança estreita com o Plano de Nova Jersey, exceto pelo uso da palavra "entre", que pode fazer toda a diferença. O Plano de Nova Jersey, que foi derrotado, era conhecido por conceder ao governo federal "poderes adicionais apenas em alguns casos"[10]. Alegou-se de fato que a cláusula comercial era uma "cláusula negativa e preventiva" cuja intenção era a de promover a "liberdade de intercâmbio comercial" mediante a remoção de obstáculos interpostos pelos estados, sem, no entanto, conferir ao próprio Congresso nenhum poder de "vedar o comércio de artigos legítimos"[11]. O inciso que proibia os estados de cobrar "impostos ou tarifas sobre as importações ou exportações" funcionou como um dado a favor de uma interpretação ampla da cláusula comercial[12]. No entanto, o fato de que não se negava ao Congresso o direito de impedir o comércio de produtos derivados do trabalho escravo teve um efeito inverso. À necessária ambigüidade contida na redação de um texto e na sua in-

---

10. *Ibid.*, p. 1338.
11. Madison, carta a Cabell, 13 de fevereiro de 1829, 3 Farrand 478, citado no Memorial dos funcionários públicos no caso Carter Coal (1925).
12. Cushman, *The National Police Power under the Commerce Clause of the Constitution*, 3 Minn. L. Rev. 452, 459 (1919); Stern, *op. cit.* supra em nota 119, p. 1345.

terpretação deve-se acrescentar a plena consciência de que alguns constituintes ao menos não ignoravam haver "a necessidade de se preparar o terreno para contingências futuras"[13]. Talvez eles esperassem que as palavras adquirissem novos significados à medida que surgissem as exigências para que tal acontecesse. É possível que se tenham dado conta de que a ambigüidade era a melhor solução[14].

Fazia-se necessária uma interpretação conclusiva para resolver a ambigüidade. O caso *Gibbons contra Ogden* mereceu do presidente do Supremo Tribunal, ministro Marshall, um voto de caráter abrangente e decisivo. O caso, que versava sobre a prerrogativa do estado de Nova York de conceder um monopólio sobre o direito de uso de navegação a vapor em suas águas territoriais, teve como desdobramento suscitar uma grande dúvida: acaso a atividade da navegação estava incluída na do comércio e, no contexto específico, a cláusula comercial conferia poder exclusivo ao governo federal? Ao afirmar que sim, o ministro

---

13. *The Federalist* nº 34, p. 217 (Ed.Tudor, 1937).

14. "Nem a Convenção da Filadélfia nem as discussões que precederam a ratificação dos trabalhos geraram linhas de pensamento importantes relativas ao processo de ajuste entre as autoridades do Congresso e as autoridades estaduais. As atas não revelam críticas construtivas feitas pelos estados à cláusula comercial, tal como lhes foi proposta (...) Os primeiros comentaristas importantes da Constituição – o *Federalist* e o *Blackstone*, de Tucker – lançaram uma luz insuficiente e ambígua sobre o alcance da cláusula em questão... Portanto, ao deparar pela primeira vez com a cláusula comercial, a Suprema Corte precisou construir doutrinas sem contar com uma orientação ou restrição substanciais, que seriam originadas de debates e exames prévios." Frankfurter, *The Commerce Clause* 12 (1937).

Marshall acrescentou: "O assunto a ser regulado é o comércio (...). O advogado do litigante insiste em limitá-lo ao tráfico, à compra e venda, ou ao intercâmbio de mercadorias, e não admite que ele abranja a navegação. Tal postura restringe um termo de caráter geral, aplicável a vários objetos, a um de seus significados. Indubitavelmente, o comércio é tráfico, mas é mais do que isso: é intercâmbio. A palavra 'comércio' descreve o intercâmbio comercial entre nações, e entre partes de nações, em todos os seus ramos, o qual é regulado pela prescrição de normas que permitam tal intercâmbio."[15]

Uma vez incluída a navegação na esfera do intercâmbio comercial, o problema girava agora em torno de se saber o que estava reservado aos estados. A linha divisória foi marcada com os seguintes termos: "O gênio e o caráter do governo, como um todo, parecem consistir em que sua ação recaia sobre todas as questões externas da nação, mas não sobre aquelas que são exclusivas de um estado em particular e que não afetam outros estados, e com as que não é necessário interferir para exercer alguns dos poderes gerais do governo. Portanto, o comércio exclusivamente interno de um estado pode ser considerado da competência única do próprio estado." Os estados eram dotados de poder para sancionar normas sanitárias e fiscalizadoras, que passaram a receber a classificação geral de medidas policiais; ao gover-

---

15. 9 Wheat. (U.S.) 1, 188 (1824).

no federal cabia controlar o intercâmbio comercial quando ele se referisse a mais de um estado.

Entretanto, a própria interpretação de Marshall, apesar de ampla, suscitava muitas ambigüidades. Aparentemente, seria viável para um estado estabelecer normas de caráter policial a respeito de uma questão que, sob uma outra perspectiva, implicava o comércio interestadual. O presidente do Supremo Tribunal não se sentiu obrigado a analisar possíveis resultados se, por exemplo, o estado de Nova York, na ausência de uma regulamentação federal sobre o assunto, fosse ela qual fosse, viesse a conceder um monopólio em suas águas territoriais. Ainda assim, a tendência mostrava-se claramente favorável a um controle federal. Por outro lado, uma constituição não pode ser manipulada desta forma, mesmo que as regras e os exemplos sejam convincentes. Os conceitos-satélite começaram a entrar em operação. O governo federal poderia ditar normas se o item estivesse incluído no intercâmbio comercial entre os estados, na troca de mercadorias ou na navegação interestadual. Cada estado, isoladamente, detinha o poder de ditar normas se o item pudesse ser considerado um assunto relativo à fiscalização, envolvesse questões de salubridade ou estivesse sujeito a uma regulamentação policial. O raciocínio por analogia funcionaria dentro dessas categorias e criaria outras.

Estes problemas tiveram importância durante os oitenta e nove anos que separaram o caso *Gibbons contra Ogden* da consideração da Lei Mann. Foram eles: (1) que itens e artigos deveriam ser considerados parte do tráfico de intercâmbio comercial; (2) que atividades deveriam ser incluídas nesta área que diz respeito a mais de um estado e, portanto, pertencem à órbita do governo federal; e (3) até que ponto o poder de regular abrange o de excluir ou proibir. Os fatos do caso *Gibbons contra Ogden* forneceram apenas respostas parciais. Com toda certeza, a navegação estava incluída no comércio. A este respeito havia um consenso geral nos Estados Unidos, disse Marshall. Mas os fatos não serviram para esclarecer se o governo deveria ou não proibir a navegação. E o que dizer dos itens ou artigos que poderiam ser considerados parte do tráfico? Eles incluíam pessoas? Este questionamento seria importante mais tarde com relação à Lei Mann. Havia-se alegado que o transporte de passageiros não era uma atividade integrante do comércio submetido à exclusiva regulação do Congresso. Contudo, Marshall afirmara que "o poder de regular o transporte por barco não distinguia com clareza se a carga constituía-se de seres humanos ou de mercadorias". Entretanto, os fatos do caso diziam respeito à regulação de embarcações que transportavam pessoas como itens do tráfico; pessoas como tráfico estavam envolvidas apenas em um sentido limitado.

Treze anos mais tarde, quando, no caso *O prefeito contra Miln*[16], a Suprema Corte se pronunciou acerca

---

16. 11 Pet. (U.S.) 102 (1837).

de uma regulamentação do estado de Nova York exigindo que os comandantes das embarcações oriundas de portos estrangeiros fornecessem uma ficha completa dos passageiros, uma mudança de significado das categorias já era evidente. Segundo a Corte, a lei não era "uma regulamentação do comércio e sim do poder de polícia". Ademais, enquanto as mercadorias eram objetos de comércio, as pessoas não o eram[17]. "Elas não são objeto de comércio, e, não sendo mercadorias importadas, não podem ser incluídas em uma linha de raciocínio fundamentada na interpretação de um poder conferido ao Congresso para regular o comércio." O pronunciamento mais importante sobre o assunto talvez tenha sido o do ministro Barbour, que, ao menos, nesse caso parecia estar representando a maioria na Suprema Corte[18]. Suas palavras foram as seguintes: "Consideramos tratar-se tanto de uma necessidade do estado como da sua competência fornecer medidas cautelares contra uma pestilência de ordem moral, representada por mendigos, párias e, possivelmente, condenados, como o é precaver-se contra a pestilência de ordem física que pode advir de artigos infectados e insalubres importados de um navio, cuja tripulação pode ser portadora de moléstia contagiosa." A categoria "pestilência moral" é, assim, enunciada como uma maneira de

---

17. Mas a questão estava sendo levantada para distinguir o caso Brown *v.* Maryland, 12 Wheat. (U.S.) 419 (1827).

18. Ver o voto do ministro Wayne em Passenger Cases, 7 How. (U.S.) 283, 430 (1849).

interpretar a Constituição junto com o intercâmbio comercial, a navegação e as normas policiais.

Contudo, quando os estados de Nova York e Massachusetts tentaram ir além, instituindo taxas em vez de um mero preenchimento de fichas a respeito dos passageiros que chegavam, a Suprema Corte fez ver que a maioria não tencionava expressar que pessoas não podiam ser artigos de comércio. As leis foram declaradas inconstitucionais[19] e o transporte de passageiros foi classificado como um ramo do comércio. Não se poderia simplesmente usar o rótulo "regulamentos internos da polícia" para justificá-las. Entretanto, vale observar o estilo empregado pelo ministro Wayne ao afirmar:

> Mas eu disse que os estados têm o direito de impedir a entrada em seus territórios de mendigos, párias e foragidos da justiça. A Constituição garante aos estados onde existe escravidão o direito de excluir todos aqueles que pertencem, por sua origem e pátria, à mesma classe de homens. E, se o Congresso pretende ditar uma lei – ainda que seja um desrespeito um membro do poder judiciário supor uma coisa tão absurda de outro órgão governamental – dispondo que os mendigos, os párias da sociedade, as pessoas suspeitas de crimes e os foragidos da justiça recebam vistos de entrada nos Estados Unidos, não tenho dúvidas de que, caso isto venha a ser matéria de decisão judicial, tais indivíduos serão considerados e de-

---
19. Passenger Cases, 7 How. (U.S.) 283, 430 (1849).

clarados não beneficiários do direito regulador que os Estados Unidos têm sobre o comércio. Mendigos, párias e fugitivos nunca foram objeto de relações comerciais ou intercâmbio nacional lícitos, exceto no caso em que são transportados para colônias distantes, para que a sociedade se veja livre de sua presença, ou no caso em que recebem punição como condenados. Eles não fazem jus a intercâmbio nacional; ninguém tem o direito de transportá-los, sem autorização legal, de onde eles estão para qualquer outro local, e os únicos direitos que possuem são os que a lei faculta a todos os homens que não perdem completamente o direito a sua proteção.[20]

Em outras palavras, a pestilência moral era uma categoria muito importante, embora pudesse representar uma faca de dois gumes: por um lado, possibilitava aos estados a liberdade de regular ou excluir itens do tráfico que, de outra maneira, poderiam ser da alçada exclusiva do governo federal. Talvez esta fosse apenas uma ampliação do conceito de regulamentação policial. Ao ministro Wayne pareceu tão óbvio o fato de que a segurança da comunidade local dependia da exclusão de mendigos, párias e pessoas suspeitas, que se tornou um ultraje imaginar que a legislação federal pudesse cogitar a concessão de vistos de entrada a tais indivíduos. Por outro lado, não se pode descartar a hipótese de que o governo federal, caso pudesse de fato impedir a entrada da-

---

20. *Ibid.*, p. 425.

queles supostos portadores de pestilência moral, contribuiria também para mantê-los afastados. Se os Estados Unidos adotassem tal postura, quem iria reclamar? Com toda a certeza, não seriam as pessoas marginalizadas e submetidas a tal regulamentação ou as que tentavam tornar legal a sua entrada, pois pessoas com tal estigma "não fazem jus a intercâmbio nacional; ninguém tem o direito de transportá-los sem autorização legal (...)".

Em resumo, a pestilência moral devia de fato ser uma categoria de importância máxima. Sua função seria a de conferir autoridade governamental tanto aos estados quanto ao governo federal. Um item poderia parecer excluído do poder comercial por uma ou outra razão, e, ainda assim, voltar a pertencer a ele, se ficasse caracterizada a pestilência moral.

Este conceito de pestilência moral, que logo receberia outros rótulos, se tornaria cada vez mais importante se os itens cobertos pela cláusula comercial fossem normalmente considerados artigos valiosos para permuta e venda. O intercâmbio comercial poderia muito bem parecer portar aquela conotação. Alguns elementos deste raciocínio na verdade estavam por trás do conceito recorrente, que logo desapareceria, segundo o qual as pessoas não eram objeto de comércio. Em certo sentido, as pessoas eram como apólices de seguro, sobre as quais a Suprema Corte, em 1868, assim se manifestou: "Estes contratos não são objeto de comércio e permuta oferecido no mercado como algo cuja existência e valor independem das partes que os subscrevem. Não são mercadorias passíveis de serem despachadas de um estado a outro para logo serem postas à venda[21]. Um tribunal relutante em reconhecer o poder federal poderia restringir a categoria de artigos de comércio. Marcas registradas podiam ser os símbolos usados pelos homens para exercerem atividade comercial e industrial, mas isto não significava que elas estavam claramente submetidas ao controle comercial.

Assim a Suprema Corte se pronunciou[22]: "Esta cláusula não dispõe que seja objeto de controle do Congresso toda e qualquer propriedade passível de ser comercializada ou que seja usada em atividade comercial, ou essencial a ela. Os barris e os cascos, as garrafas e caixas destinados a preservar a integridade de certas mercadorias e servir-lhes de embalagem durante o transporte, quando os conteúdos são transferidos do vendedor para o comprador, não se tornam por este motivo objeto de legislação do Congresso, mais do que qualquer outra mercadoria." A linguagem utilizada refletia um desvio dos poderes amplos que pareciam emanados do caso *Gibbons contra Ogden*. Diante de tal mudança, talvez a categoria "pestilência moral" pudesse ser usada para restituir poderes ao governo. Ou, então, pudesse ser incorporada a um conceito empregado em outros casos, ou

---

21. Paul *v.* Virginia, 8 Wall. (U.S.) 168, 183 (1868); ver também Henderson *v.* Mayor of New York, 92 U.S. 259, 275 (1875).

22. Trade Mark Cases, 100 U.S. 82, 95 (1879).

seja, o conceito de "negócios afetados por um interesse público", e, eventualmente, formar uma categoria mais ampla como veículo para interpretar tanto a cláusula comercial como a do devido processo. Esta nova categoria passaria, então, a englobar não apenas os mendigos, párias e fugitivos, mas também os cereais e outros gêneros de primeira necessidade.

Os principais conceitos satélites até então eram intercâmbio comercial, troca de mercadorias e navegação ou transporte, de um lado, e fiscalização, controle sanitário e regulação policial de outro. A categoria "pestilência moral" ainda não incluía muitos itens. Em um movimento contrário à autoridade federal, colocou-se uma grande ênfase na necessidade de que as mercadorias sob regulação fossem os próprios artigos de valor comprados e vendidos. O caso *Kidd contra Pearson*[23] acrescentou outra categoria popular, calculada para interpretar a cláusula comercial de maneira que neutralizasse o poder do governo federal. O estado de Iowa havia dado início ao processo de controle sobre a fabricação de bebidas alcoólicas sem se preocupar com o fato de os fabricantes terem pretensões de exportá-las. De uma maneira geral, bebidas alcoólicas eram algumas vezes associadas ao conceito de pestilência moral. Os termos da lei que regulava o produto em questão poderiam ter se restringido a uma regulação policial. Mas a linguagem utilizada para o caso extrapolou tal coloca-

---

23. 128 U.S. I, 20 (1888).

ção. O ministro Lamar assim se expressou: "Nenhuma distinção é mais popular entre os leigos, ou mais claramente expressa na literatura econômica e política do que a distinção entre fabricação e comércio." Indubitavelmente o ministro Lamar tinha tanto direito de sustentar sua argumentação em uma distinção popular como, por ocasião do caso *Gibbons contra Ogden*, o teve o presidente do Supremo Tribunal, ministro Marshall, ao referir-se ao juízo universal nos Estados Unidos.

A linguagem do caso *Kidd contra Pearson* foi usada para difundir uma nova categoria divisória. A regulação de produtos manufaturados, como no caso da regulação de cereais, era um "assunto de interesse interno". O comércio que envolvia mais de um estado devia agora ser classificado como "interestadual", incluindo como exemplos a navegação ou o transporte. Logo seria visto, conceitualmente, como um "fluxo" através das fronteiras estaduais, e tal conceito já havia incluído milhares de pessoas que atravessavam uma ponte ligando dois estados[24]. A própria expressão "comércio interestadual" incorporava a distinção entre fabricação e comércio[25]. O comércio interestadual envolvia artigos "comprados, vendidos ou trocados com o propósito de (...) trânsito"[26]. O comércio interestadual não incluía, por exemplo, as ati-

---

24. Covington and Cincinnati Bridge Co. *v.* Kentucky, 154 U.S. 204, 218 (1894).
25. Ver Stern. *Op. cit. supra* em nota 119, p. 1348.
26. United States *v.* Knight, 156 U.S. I, 13 (1895).

vidades de negociantes no controle do refino do açúcar nos Estados Unidos porque "o comércio sucede à fabricação e não é parte dela"[27]. Em um caso desta natureza, a relação com o comércio interestadual era no mínimo indireta. De um certo modo, fabricação opunha-se a comércio como "indireto" opõe-se a "direto". Assim, duas novas expressões classificatórias entraram em cena.

Quando se tentou aplicar a legislação federal antitruste ao mercado de gado de Kansas City, a Suprema Corte respondeu: "Mas em nenhum dos casos apresentados a esta Corte foi negada a distinção entre uma regulação que afete e crie obstáculos ao comércio interestadual diretamente e outra, caracterizada apenas por uma taxa cobrada pelo uso de instalações locais que possibilitem a realização de tal comércio[28]. No entanto, a norma que estabelecia uma distinção entre interferência direta e indireta permitiu que se levantasse o seguinte argumento: aquilo que poderia ter sido local e indireto passava a integrar, por intenção e propósito, um esquema destinado a afetar diretamente "o contrato subseqüente de venda e entrega"[29]. A referência à intenção e ao propósito que davam um caráter direto foi o expediente usado pela Corte para conseguir explicar que reconhecia a relação entre as duas coisas. Mas a norma que autorizava a interferência indireta guardava

---
27. *Ibid*.
28. Hopkins *v.* United States, 171 U.S. 578, 597 (1898).
29. Addyston Pipe & Steel *v.* United States, 175 U.S. 211, 243 (1899).

uma diferença surpreendente da que foi expressa por Marshall, que havia reservado para os estados, no caso *Gibbons contra Ogden,* apenas o "comércio totalmente interno" e aquelas atividades que "não afetam outros estados e com as quais não há necessidade de interferência (...)".

Foram numerosos os conceitos satélites desenvolvidos para a interpretação da cláusula comercial. Até certo ponto, uns se sobrepuseram a outros. Foi o que aconteceu com o princípio da regulação da indústria e o da interferência indireta, que, durante algum tempo, pareceram ser a mesma coisa. Entretanto, tomadas em conjunto, as categorias foram uma maneira de se estabelecer comparações entre os casos a partir de diferentes pontos de vista. O ato de discernir que leis federais deviam ser adotadas trazia à baila as relações que, em uma nação, se estabelecem entre o indivíduo, o Estado e o direito à propriedade. Fundamentalmente, no que diz respeito à cláusula comercial, tal discernimento conjugava-se a uma análise da distribuição de poderes entre o governo federal e os governos estaduais. As categorias refletiam essas preocupações, mas, assim o faziam, oferecendo uma comparação de casos baseada na análise dos tipos de propriedade que estavam em jogo, do local onde se deu o fato, da natureza da atividade em questão (por exemplo, tratava-se de transporte?) e do motivo ou da intenção do agente.

Entre o grupo de conceitos inseria-se a categoria de pestilência moral, que nem sempre podia distinguir se o poder devia ser conferido ao governo estadual ou ao federal. Talvez ela conferisse poder a ambos. O ministro Harlan fez uma disfarçada sugestão de que fosse esta a política a ser adotada quando deu o voto contrário no caso *Knight*[30]. Na ocasião, ele não só discorreu com frases de efeito sobre a compra e venda de artigos submetidos ao comércio interestadual, opondo-as à indústria, como disse que não se buscou "atingir a simples fabricação de artigos que são produtos comerciais legítimos ou reconhecidos". O argumento ficou um tanto mais explícito no caso *Reid contra Colorado*[31]. O réu havia embarcado cabeças de gado com destino a Colorado sem ter cumprido as exigências de fiscalização previstas na lei daquele estado. A defesa alegou que o transporte envolvia uma atividade de comércio interestadual e, de acordo com a Constituição, não devia ser regulada pelo estado. A resposta do ministro Harlan não se fundou apenas no fato de que o Congresso não havia "esgotado todas as questões que envolviam o transporte de gado". "Este instrumento", disse o ministro, referindo-se à Constituição, "não concede ao réu o direito de introduzir em um estado, à revelia das autoridades, cabeças de gado afetadas por doenças contagiosas, infecciosas e transmissíveis (mesmo que as reses especificamente em pauta não estivessem afetadas), cuja presença no referido estado será ou po-

---

30. 156 U.S. I, p. 34 (1895).
31. 187 U.S. 137 (1902).

derá ser uma ameaça aos animais domésticos que ali habitam." Tal postura seguia a mesma linha do *dictum* proferido pelo ministro Wayne, quando se referiu aos mendigos, párias e fugitivos. Mas ela passava agora a servir de base para a ação federal.

A Lei da Loteria Federal[32] (*Federal Lottery Act*) tentou proibir o transporte interestadual de qualquer bilhete de loteria. Talvez a constitucionalidade dessa proibição encontrasse respaldo na cláusula comercial, baseando-se no conceito de transporte, já que os bilhetes transitariam de um estado para o outro. No entanto, a regulação dizia respeito a produtos comerciais. O que dizer de um bilhete de loteria? Ele não poderia ser comparado a uma apólice de seguro, que não é, em si, um artigo de venda e permuta? Se um bilhete de loteria não era um produto comercial – e esta tese foi levantada pelo presidente do Tribunal Superior, ministro Fuller, em seu voto contrário[33] – como seria possível "transformar um produto não comercial em um produto comercial, simplesmente porque ele foi transportado, como, por exemplo, se transporta ou manda entregar um convite para jantar ou para fazer um passeio de carro"? "O poder de proibir o transporte ferroviário de animais doentes ou produtos contaminados" era diferente, "pois eles seriam, em si mesmos, nocivos à transação comercial entre estados. Além do mais, trata-se de artigos,

---
32. 28 Stat. 963 (1895).
33. Lottery Cases, 188 U.S. 321, 371 (1903).

por natureza, essencialmente comerciais", mas "ninguém", segundo o presidente do Tribunal, "teria a pretensão de impedir que as pessoas embarquem nos trens porque estão se movimentando de um estado para o outro para participar de atividades que envolvem a loteria". A cláusula comercial não podia ser ampliada para cuidar de loterias. "Nos países em que o direito fundamental é flexível, pode ser que se aplique o dito popular que aconselha a 'afrouxar a gravata onde aperta o nó'. Mas a Constituição dos Estados Unidos não pode ser usada para justificar a ação do Congresso ou dos tribunais."

O caso era difícil e requereu três debates. A lei não se limitava a regular o tráfico de um artigo cujo caráter comercial era discutível; sua regulação importava em proibição[34]. Representando o voto da maioria, o ministro Harlan mencionou a "pestilência disseminada das loterias". Antes bem-aceitas, as loterias haviam "perdido o prestígio" e se tornado "uma ofensa a todo o povo e à nação". Os bilhetes eram objeto de tráfico e, por conseguinte, de comércio. Se restavam dúvidas quanto ao poder de proibir, os seguintes argumentos iriam dirimi-las: "Que se aponte uma cláusula na qual exista, em algum grau, a aceitação da idéia de que alguém pode, por direito, transportar, ou promover o transporte, de um estado para

---

34. Ver Corwin, *Congress's Power to Prohibit Commerce – A Crucial Constitutional Issue*, 18 Corn. L. Q. 477 (1933); Cushman, *op. cit. supra* em nota 124.

outro, de algo que irá ofender a moral pública."A lei era constitucional, embora alguns pudessem argumentar que isto significaria que "o Congresso pode excluir arbitrariamente do comércio entre os estados qualquer artigo, mercadoria ou objeto, de qualquer espécie ou natureza, não importa o quão útil ou valioso ele seja (...)". Haveria tempo suficiente para "considerar a constitucionalidade de tal legislação quando tivemos de assim fazê-lo (...)". Os bilhetes de loteria poderiam ser vistos como símbolos de atividade local, semelhantes à indústria, sendo portanto objetos particularmente adequados à regulação estadual. Mas "devemos hesitar muito", escreveu o ministro Harlan, "antes de adjudicar que um mal de caráter tão assustador, disseminado pelo comércio interestadual, não pode ser enfrentado e massacrado pelo único poder que é competente para este fim". A norma "mal de caráter assustador", como uma base para ação nacional, não foi tão ampla quanto a que foi apresentada no caso *Gibbons contra Ogden*; mesmo assim, sugeriu-se que a norma teria de ser estreitamente limitada à regulação de coisas "inúteis ou intrinsecamente prejudiciais"[35].

Os anos que transcorriam eram imediatamente anteriores à aprovação da Lei sobre o tráfico de escravas brancas e à prova de sua constitucionalidade. Nenhum conceito poderia invocar prioridade absoluta na interpretação da cláusula comercial. A lingua-

---

35. Bruce, *Interstate Commerce and Child Labor*, 3 Minn. L. Rev. 89 (1918).

gem centrava-se em interferência direta e indireta; o termo comércio substituía transporte e aos poucos tornava-se "fluxo"; a natureza do artigo sob regulamentação era importante. Qualquer argumento formulado com base em um conceito podia ser respondido em função de outro. Tampouco se podia interpretar a cláusula comercial em si mesma; podia-se invocar a quinta emenda da Constituição e, agora, a décima. É difícil avaliar o grau de persuasão que os conceitos exerciam na ocasião. Eles constituíam um resultado e uma causa – indicavam se a Suprema Corte via ou deixava de ver a importância e a relação. Mas os conceitos teriam uma influência persuasiva e os casos decididos por seu intermédio seriam de grande importância para o raciocínio por analogia. Por esta razão, os casos dos bilhetes de loteria foram importantes. A "pestilência" neles detectada havia sugerido uma norma referente à moral pública[36]. Outras coisas poderiam ser comparadas à loteria.

No ano seguinte, o próprio Harlan voltou a recorrer à norma da "interferência indireta" e "interferência direta", ao aplicar a Lei Sherman aos títulos de propriedade de ações ordinárias por intermédio de uma *holding* de duas companhias ferroviárias que concorriam entre si[37]. O ministro White o contestou

---

36. "Deve-se considerar também que agora se encontra perfeitamente consolidado o exercício do poder no que tange à proteção da segurança, da ordem e da moral, ainda que seu propósito primordial fosse o de regular o comércio." Freund, *Police Power* 64 (1904).

37. Northern Securities *v.* United States, 193 U.S. 197 (1904).

em um voto dissidente que levantava a bandeira da décima emenda, embora o próprio White, no mesmo ano, não tivesse visto nenhum obstáculo à imposição de uma taxa federal capaz de "destruir a indústria de produção de margarina". Talvez a diferença óbvia repousasse no fato de que a margarina tendia a "enganar o público". De uma maneira ambígua, o voto dissidente foi seguido por Holmes, que não tardou, por sua própria conta, a admitir que o Congresso devia regular um instrumento de comércio cujo efeito fosse apenas indireto, mas isto devia ser reservado para "medidas heróicas". A Holmes, pareceu estranho que a intenção do Congresso parecesse ter tido influência sobre a interpretação do comércio, pois, por intermédio da lei antimonopólio, o propósito era "desintegrar a sociedade até as raias do possível em átomos individuados". Sendo assim, "o fato de dar a uma lei como essa o título de uma regulação do comércio não passava de uma farsa". Seria "uma tentativa de reconstruir a sociedade", e "a Constituição não havia delegado ao Congresso poderes para tal (...)". No entanto, foi Holmes quem enfraqueceu a norma da interferência direta ao adicionar-lhe palavras. Ele aplicou a Lei Sherman a uma associação de empacotadores[38]. O comércio entre os estados "não era um conceito técnico-jurídico e sim um conceito surgido da prática, no curso da transação". O deslocamento de reses doentes tinha um "curso recorren-

---

38. Swift & Co. *v.* United States, 196 U.S. 375 (1905).

te" ou um "fluxo" e, portanto, constituía um comércio. O efeito sobre o comércio era direto; não era um efeito "secundário, remoto ou meramente provável".

A Suprema Corte mostrava-se relutante em aceitar as reformas sociais. Seus membros empreenderam um grande esforço para deixar claro que a décima emenda da Constituição impedia o governo federal de tentar exercer poderes que não lhe foram conferidos[39] "sob a pressão de um suposto bem-estar geral". Ela considerou inconstitucional a Primeira lei de acidentes de trabalho (*First Employers' Liability Act*) porque era aplicável a comerciários. Até Holmes parecia concordar com esta interpretação limitada da cláusula comercial[40]. O próprio governo, em um memorial *amicus curiae**, fez uma concessão ao artigo da Constituição ao alegar que "a lei não mais se aplicaria a uma linha puramente local da companhia, como não se aplicaria a nenhum outro negócio – a mineração de carvão, por exemplo (...)". Harlan, que havia visto nas loterias um mal de caráter tão assustador e, portanto, reconhecido ali a existência de um poder federal, não viu entre "comércio interestadual" e o direito de "associação em um sindicato de trabalhadores" uma conexão tal que autorizaria "o Congresso a considerar um crime contra os Estados

---

39. Kansas *v.* Colorado, 206 U.S. 46 (1907).
40. *The Employers' Liability Cases*, 207 U.S. 463 (1908).

* Em linhas gerais, memorial apresentado por alguém que não faz parte de um processo, mas tem fortes interesses nele. Sua apresentação, e inclusão nos autos do processo, pode ser por iniciativa do interessado ou por solicitação do juiz. (N. da T.)

Unidos o fato de um agente de uma companhia de transporte interestadual dispensar um empregado por filiar-se a um sindicato"[41]. Foi necessário frustrar a tentativa do Congresso de obrigar as empresas ferroviárias transportadoras de carvão a se desfazerem das minas de carvão de sua propriedade[42]. As empresas tiveram direito a um acordo, que consistia em vender o carvão obtido por mineração; feito isto, teriam direito à propriedade da mina e ao transporte do carvão. Se o acordo não fosse cumprido, sérias objeções constitucionais se apresentariam, entre elas a alegação de que o regulamento proibia tal manobra. Houve uma certa aquiescência da Suprema Corte às regulações federais. A legislação que estabelecia uma jornada máxima de trabalho para os empregados das companhias ferroviárias "envolvidos no deslocamento de trens no transporte interestadual"[43] foi considerada válida; os códigos de segurança aplicáveis aos carros da companhia que faziam o percurso não apenas no comércio interestadual, como também no intra-estadual, foram mantidos, mas isto foi porque a associação entre segurança e deslocamento parecia evidente[44].

Tudo foi muito mais fácil quando chegou a vez da Lei de medicamentos e Alimentos Puros (*Pure Food*

---

41. Adair *v.* United States, 208 U.S. 161 (1908).
42. United States *v.* Delaware & Hudson Co., 213 U.S. 366 (1909). Ver também United States *v.* Del., lack., & Western R. Co., 238 U.S. 516, 529 (1915).
43. Baltimore & Ohio R. Co. *v.* ICC, 221 U.S. 612 (1911).
44. Southern Ry. Co. *v.* United States, 222 U.S. 21 (1911).

and Drugs Act). A lei era severa. Ela proibia a introdução em qualquer estado ou território, proveniente de qualquer estado ou território, de qualquer produto alimentício ou medicamento que fossem adulterados. Essa lei foi aplicada a latas de ovos, adulteradas porque continham uma certa quantidade de ácido bórico[45]. A Suprema Corte não alterou sua rotina para dedicar-se a esta lei. A este respeito, o ministro Mckenna assim se pronunciou: "Não se deve esquecer que estamos lidando com produtos ilícitos; produtos cuja comercialização a lei tenta impedir. (...) Neste caso, não existe nenhum conflito entre as jurisdições estadual e federal sobre produtos comerciais legítimos. A questão aqui é determinar se os produtos que não têm a chancela da lei para serem comercializados podem ser apreendidos onde forem encontrados, e certamente não se discutirá o fato de eles estarem fora da jurisdição do governo federal quando estiverem dentro das fronteiras de um estado". O poder de declarar ilegais produtos destinados à comercialização foi uma reformulação da categoria "pestilência moral"[46].

Este cenário atuou como pano de fundo para que a Suprema Corte considerasse a constitucionalidade da Lei Mann no caso *Hoke e Economides contra os Estados Unidos*[47]. A Lei buscava proibir o transporte,

---

45. Hipolite Egg Co. *v.* United States, 220 U.S. 45 (1911).
46. Ver McCray *v.* United States, 195 U.S. 27 (1904).
47. 227 U.S. 308 (1913).

em comércio interestadual, de uma mulher ou menina com a finalidade de prostituição ou libertinagem, ou com qualquer outra finalidade imoral. A defesa argumentou que "o poder de regular o comércio não confere ao Congresso o poder de regular a moralidade ou coibir qualquer ato de imoralidade (...) dos cidadãos, considerados em sua individualidade". Assinalou-se que a imoralidade "era uma palavra de amplo alcance, capaz de englobar a bebida, o jogo, a invasão de privacidade, as contendas, a mentira, a profanação – na realidade, qualquer fraqueza a que a carne está sujeita". E apesar de "a prostituição, tanto a feminina como a masculina", ser, em geral e com justiça, considerada imoral", aqueles que a praticam "são cidadãos de seus respectivos estados, com todas as prerrogativas e imunidades desfrutadas por quaisquer outros cidadãos e, entre elas, está o direito de ir e vir e de empreender viagens interestaduais, sem que se leve em conta os objetivos morais ou imorais visados ao final das viagens". Além do mais, seres humanos não eram objeto de comércio e cabia aos estados, de acordo com os poderes que lhe eram reservados, lidar com assuntos internos tais como a conduta moral e a prostituição.

Nenhum indício de dificuldade cercou a atuação do ministro McKenna. Em primeiro lugar, os termos da Constituição eram claros. "Ao Congresso é dado o poder 'de regular o comércio com nações estrangeiras e entre os vários estados'. O poder é direto: não existe na Constituição nenhuma palavra que o limite e sua abrangência ampla e universal tem sido muitas vezes declarada, a ponto de tornar desnecessária uma repetição. E, ademais, ele tem sido exemplificado tantas vezes em casos concretos que tem-se a impressão de que não existe nenhuma modalidade de seu exercício que não encontre exemplo em algum desses casos." Infelizmente, "a experiência, no entanto, caminhou em sentido contrário; em quase todas as ocasiões de manifestação do poder, as diferenças em relação às manifestações anteriores são postas em evidência e servem de base para um ataque. O caso em questão ilustra bem esta tese".

A regulação era semelhante à que foi implementada nos casos dos bilhetes de loteria, e dos produtos adulterados e de qualidade inferior. "Sempre que a adulteração de um produto provocar uma diminuição de qualidade ou sempre que ele se apresentar sob uma marca falsificada, é dever do Congresso exercer o poder de proibição. Talvez o Congresso não possa proibir totalmente a venda dentro de um estado. Mas pode proibir o transporte desse produto entre os estados e, assim, frustrar os propósitos escusos de sua fabricação e neutralizar seus efeitos danosos." O Congresso tinha o poder de proibir "a ilegalidade no comércio". "Mas se afirma que 'qualquer indivíduo tem o direito e o privilégio de se locomover de um estado para o outro' e, por ser este seu direito, ninguém pode ser considerado culpado por induzir ou ajudar este indivíduo no exercício de seu direito de ir e vir; 'o motivo ou a intenção dos viajantes, antes, durante ou depois da viagem, não diz respeito ao comércio interestadual'. Tais alegações tornam confusos certos pontos que devem ser bem distinguidos. Invoca-se um direito exercido na esfera da moralidade para se dar apoio a um direito a ser exercido na esfera da imoralidade. (...) É capcioso dizer que os homens e as mulheres têm direitos. Seus direitos não podem convalidar seus delitos; e se eles se valem do transporte interestadual como um meio de praticar delitos, este transporte deve lhes ser proibido." Foi dito que a analogia desses casos não foi afetada, porque as mulheres não são mercadoria. "A essência do poder do Congresso é a mesma." Infelizmente o presidente do Tribunal Superior, ministro Fuller, não estava presente para comprovar que "as pessoas podiam ser impedidas de embarcar nos trens porque pretendiam viajar de um estado para o outro para se envolver" em algo no mínimo semelhante ao negócio da loteria.

Uma coisa era justificar uma lei que buscava coibir o uso de mulheres como artigos involuntários de comércio; outra, talvez bem diferente, era, com base no poder conferido pela cláusula comercial, justificar uma proibição de exercerem o deslocamento interestadual aqueles que buscam prazeres ilícitos. Pelo menos, tal intento nos distanciaria de uma palavra cujo propósito é "referir-se a toda a economia monetária". O argumento apresentado pelo governo no caso *Hoke*, com toda certeza, era amplo o suficiente para cobrir ambas as justificativas, já que utilizava como base a moral pública, como algo distinto dos interesses econômicos da população. No entanto, o voto contrário do ministro Lamar no caso *Holte*[48] – cujo tema envolve a atitude de conivência de uma mulher –, configura um enfoque um tanto diferente. Com o aval do ministro Day, ele asseverou que a mulher em questão "deixava de ser um objeto de transporte" já que estaria "voluntariamente viajando por conta própria". Tal alegação remeteu a um conceito antigo de que as pessoas não eram objetos de tráfico. Seria oportuno neste ponto relembrar as palavras do ministro Barbour e do ministro Wayne e sugerir uma relação de causa e efeito: quanto mais intencional e imoral, mais sujeito à proibição estaria o tráfico. De todo modo, os argumentos foram novamente apresentados no caso *Caminetti*[49]; a Suprema Corte reagiu, afirmando que "já não se discute a autoridade do Congresso de manter os canais do comércio interestadual livre de usos imorais e injuriosos". Ao menos nas situações em que a pestilência moral estava envolvida, a palavra "comércio" não era matéria exclusiva da economia.

A partir da proibição da escravidão branca, que obviamente não significava, em termos absolutos, escravidão branca, foi fácil passar à proibição da importação de filmes estrangeiros de lutas de boxe profissional[50]. Por sua vez, o fechamento ao comércio in-

---
48. 236 U.S. 140, p. 146 (1915).
49. 242 U.S. 470 (1918).
50. Weber *v.* Freed, 239 U.S. 325 (1915).

terestadual dos produtos falsificados e com rótulos fraudulentos não tardou a acontecer[51]. Entretanto, neste caso, o produto poderia ser intrinsicamente inofensivo. Como o Congresso poderia fechar as vias do comércio a mercadorias inócuas? O argumento havia sido apresentado no Caso *Tobacco*[52] sem que a Corte se dignasse de refutá-lo. Possivelmente, a réplica seguiria as linhas sugeridas pelo ministro Harlan no caso *Knight*. Mesmo as mercadorias inócuas poderiam ser consideradas contaminadas pelo caráter aviltante do monopólio e da restrição. E, neste ponto, o ministro Hughes explicou:

> Sobre a natureza das alegações contidas no âmbito da emenda (a cláusula referente à adulteração de marcas constante na Lei de medicamentos e alimentos), afirma-se ser imperiosa uma distinção entre artigos ilícitos, imorais ou prejudiciais e aqueles que estão dentro da legalidade. (...) Mas permanece a questão, de quais produtos devem ser vistos como "ilícitos", e não encontramos base para afirmar que o Congresso não deve condenar o transporte interestadual de fórmulas fraudulentas, concebidas com o intuito de lesar vítimas crédulas, e decidir que tais fórmulas, que se fazem acompanhar de declarações falsas e fraudulentas, são ilícitas com respeito ao comércio interestadual, assim como, por exemplo, o são os bilhetes de loteria (...) As declarações falsas e fraudulentas, descritas na emenda, acompanham o ar-

---

51. Seven Cases *v*. United States, 239 U.S. 510 (1916).
52. United States *v*. American Tobacco Co., 221 U.S. 106 (1911).

tigo em sua embalagem e, assim, lhe conferem seu caráter no comércio interestadual.[53]

Assim, o emprego de adjetivos decidia a ilegalidade dos produtos. Não havia limites para o número de produtos passíveis de serem interditados ao se adotar tal prática, e para os quais, de fato, todas as outras distinções eram eliminadas, como, por exemplo, a distinção entre fabricação e comércio? Hughes sugeriu uma resposta a esta pergunta:

> Por último, a lei é criticada sob a alegação de que ela entra no terreno da especulação (...) Julgamos que esta objeção tem como base uma interpretação errônea da cláusula. O Congresso excluiu deliberadamente a área onde existem diferenças sinceras de opinião entre teóricos e práticos (...). Obviamente, foi para não deixar dúvidas quanto a isso que empregou as palavras "falsas e fraudulentas" (...) O Congresso reconheceu que havia um vasto campo no qual afirmações relativas a efeitos terapêuticos não expressam em absoluto diferenças sinceras de opinião. Ao contrário, constituem falácias completas que, na natureza do caso, fazem levantar a hipótese de que tenham sido feitas apenas com intenção fraudulenta.[54]

Talvez fosse este exatamente o fulcro do problema de interpretação. O Congresso questionava o papel dos especialistas. Tinha o poder de negar a au-

---

53. 239 U.S. 510, 516 (1916).
54. *Ibid.*, pp. 517-8.

toridade destes, sempre que surgisse uma diferença sincera de opinião, e aguardar a ocasião em que um consenso geral se instalasse. Foi a este consenso geral que Marshall fez referência. Já Harlan usou a expressão "reação unânime", no caso das loterias, que foram consideradas "uma ofensa à nação".

Ao ter em suas mãos um caso referente a bebidas alcoólicas, o ministro White usou explicitamente como critério a categoria de artigos transportados. Como a atuação do Congresso neste caso favorecia a regulação estadual, havia sido apresentado um argumento, segundo o qual permitir "uma proibição estadual relativa ao transporte de bebidas alcoólicas seria o mesmo que preparar o terreno para se subordinar ao controle estadual o comércio interestadual de qualquer artigo e, dessa maneira, anular a Constituição". Segundo White, a debilidade do argumento "torna-se evidente no momento em que consideramos o princípio que, afinal de contas, domina e controla a questão aqui apresentada; ou seja, o produto regulamentado e o extremo poder ao qual este produto pode ficar sujeito. Em outras palavras, a natureza excepcional do produto aqui regulamentado é a base sobre a qual o poder excepcional exercido deve repousar (...)"

No caso *Wilson contra New*[55], que tinha como pano de fundo uma ameaça de greve capaz de causar "o colapso total" do comércio interestadual, Whi-

---

55. 243 U.S. 332 (1917); ver Powell, *The Supreme Court and the Adamson Law*, 65 U. of Pa. L. Rev. 607 (1917).

te permitiu a regulamentação federal da carga horária e dos salários dos ferroviários envolvidos no comércio interestadual e deu alguns exemplos. Discorreu sobre a diferença entre o poder de regulação "que pode ser exercido no caso da bebida, e o que pode ser exercido no caso dos cereais, farináceos em geral e outros produtos". Para se distinguir tal diferença bastava consultar "a doutrina já ratificada que ampara o direito estabelecido por lei de proibir, de maneira taxativa, os bilhetes de loteria e examinar a consideração óbvia de que tal direito não pode ser aplicado ao ferro-gusa, trilhos de aço ou à maioria das mercadorias". Mas talvez o caráter imutável das categorias não fosse tão rígido, pois White não considerou a ameaça de greve como algo relacionado à regulamentação específica, mas como algo relacionado ao poder de regular no sentido estrito do termo. Tratava-se de um ponto de vista contrastante com o voto contrário do ministro Pitney, que – em um discurso semelhante ao do presidente do Supremo Tribunal, ministro Fuller –, explicou: "A insinuação de que a lei foi aprovada para impedir uma suposta greve e, neste sentido, para remover uma obstrução à rota do comércio, ainda que de fato verdadeira, carece de importância jurídica."

A lei que regulamentava o trabalho infantil (*Child Labor Act*), de 1917, submeteu o significado da categoria de produtos ilícitos a uma dura prova[56]. A lei

---

56. Hammer *v.* Dagenhart, 247 U.S. 251 (1918).

devia atuar sob a égide da cláusula comercial ao banir do comércio interestadual os artigos confeccionados em estabelecimentos onde, "formal ou informalmente, foi utilizada mão-de-obra de menores de quatorze anos" ou onde, "formal ou informalmente, menores entre quatorze e dezesseis anos tenham sido empregados com a finalidade de trabalhar mais de oito horas por dia, ou mais de seis dias por semana (...)". Certamente, a interpretação da cláusula comercial não havia sido, até então, dominada pela categoria de produtos ilícitos. A cláusula havia sido aplicada para regular a concorrência desleal ou os monopólios. Havia sido cada vez mais identificada com o transporte e, como tal, autorizava o governo federal a regular o uso de medidas de segurança e de controle de qualidade no comércio interno dos estados, nos casos em que seu efeito fosse interestadual. Entretanto, a justificativa mais promissora da lei era a de que o trabalho infantil constituía uma forma de escravidão e assemelhava-se à escravidão que se impunha às mulheres tratadas como escravas brancas e que o produto do trabalho infantil assemelhava-se aos bilhetes de loteria, às bebidas alcoólicas, aos produtos adulterados e às mercadorias falsificadas.

O governo utilizou-se do seguinte argumento[57]: o trabalho infantil era "imoral em si"; era uma "escravidão infantil"[58]. Seus efeitos manifestavam-se

---

57. Memorial dos Estados Unidos 10, 42.
58. *Ibid.*, p. 14.

em corpos raquíticos e mentes atrofiadas.[59] O vapor e a eletricidade permitiram que uma causa operante num estado pudesse fazer sentir seus efeitos em outro[60]. Havia concorrência desleal e a legislação estadual não era factível, a não ser que os estados optassem por um progresso conjunto[61]. O trabalho infantil passara a ser visto de outra maneira pela opinião pública, "como havia acontecido com relação aos bilhetes de loteria"[62]. A qualidade dos produtos resultantes do trabalho infantil teria de ser avaliada por seus efeitos[63]. Os alimentos cujos rótulos não traziam informações fidedignas a respeito de seu conteúdo podiam ser salubres. Embora a utilização de mão-de-obra infantil talvez pareça uma prática local, "nenhum assunto é mais essencialmente local do que a prostituição"[64]. A regulação do Congresso tinha como objetivo proteger os cidadãos dos estados recipientes dos produtos e zelar pela saúde dos habitantes dos estados rivais[65].

O querelante, que havia aberto uma denúncia em seu próprio nome e no nome de seus dois filhos

---

59. *Ibid.*
60. *Ibid.*, pp. 16 e 19. Foram citadas as palavras de uma testemunha, que declarou ante a Comissão de Trabalho da Câmara: "Sessão após sessão, nossa legislatura ouve o clamor dos industriais: 'A legislação dos estados é injusta. Nos é exigida uma concorrência com estados que possuem padrões distintos. Esta concorrência interestadual nos levará à ruína. Se é necessário avançar, que o façamos juntos'."
61. *Ibid.*, p. 19.
62. *Ibid.*, p. 10.
63. *Ibid.*, p. 41.
64. *Ibid.*, p. 61.
65. *Ibid.*, pp. 38 e 40.

menores, na tentativa de escapar das garras da lei, alegou os benefícios circunstanciais do trabalho para os jovens. O ócio da juventude, segundo ele, poderia acarretar uma carência na família: por exemplo, a mãe e as irmãs passariam fome[66]. O poder conferido ao Congresso de restringir ou proibir só poderia ser exercido nos casos em que ficasse configurado que a mão-de-obra infantil causara "um mal e um dano reais"[67]. Os casos dos bilhetes de loteria, dos alimentos e medicamentos puros e do tráfico de escravas brancas envolviam este tipo de utilização nociva do próprio comércio. Todavia, "o produto de uma indústria não se torna insalubre, adulterado ou contaminado porque foi manipulado por uma criança durante o processo de fabricação"[68]. "Nunca se insinuou que o consumidor de um produto oriundo do trabalho infantil houvesse cometido um ato imoral; isto seria um absurdo. Assim, afastando-se a probabilidade de ocorrência de imoralidade, e já tendo sido eliminado o caráter nocivo do produto, nos parece ser fantasioso e fantástico atribuir um interesse nacional a esta causa."[69] A tese enfatizava as conseqüências de se permitir a regulamentação. "É inadmissível para muitos que os processos industriais utilizem mão-de-obra mal remunerada." Portanto, se uma regulamentação deste tipo fosse aprovada, "o Con-

---

66. Memorial do querelante, 11.
67. *Ibid.*, p. 18.
68. *Ibid.*, p. 21.
69. *Ibid.*, p. 39.

gresso teria de prescrever um escalonamento de salários a partir de um salário mínimo e proibir o comércio interestadual de produtos que não fossem produzidos dentro desta norma"[70]. De fato, muitas pessoas se opunham à não-contratação de negros. Deveria, então, o Congresso ser autorizado a proibir os produtos de indústrias que se recusavam a contratar negros?

Em sua decisão, ganha por cinco votos contra quatro, a Suprema Corte, por intermédio do ministro Day, considerou a lei inconstitucional. A matéria a ser regulamentada, ou seja, a produção de mercadorias, estava sujeita à regulação local e era da alçada dos estados, segundo a décima emenda da Constituição. A atividade comercial implicava intercâmbio e tráfico e incluía o transporte de pessoas e de pertences, mas não incluía itens como mineração e produção de carvão. Não havia autoridade para proibir o deslocamento de mercadorias comuns. Os bilhetes de loteria, artigos adulterados e mulheres destinadas a práticas imorais eram casos diferentes. Com relação a eles, "a autoridade de proibir" era "apenas o exercício do poder de regular". Em cada um desses casos, "o uso do transporte interestadual era indispensável para que se concretizassem resultados prejudiciais. Em outras palavras, embora o poder sobre o transporte interestadual fosse o poder de regular, isto só poderia ser conseguido proibindo-se o uso dos recursos disponibilizados pelo comércio inte-

---

70. *Ibid.*, p. 40.

restadual, tudo isso a fim de reprimir o malefício causado". Neste caso, aparentemente não estava configurado tal uso do comércio. As mercadorias "despachadas são em si mesmas inócuas".

O ministro Holmes não concordou com a inconstitucionalidade da lei. O caso dos bilhetes de loteria mostrava que o comércio podia ser proibido. E isto podia ser feito mesmo se o efeito indireto fosse o de regular uma matéria de interesse local, como era a Lei Mann, a Lei de medicamentos e alimentos puros (*Pure Food and Drugs Act*) e a taxação da margarina. "Não posso entender o conceito de que a proibição perde a força quando aplicada a coisas agora consideradas maléficas. Mas se existe um ponto sobre o qual os países civilizados estão de acordo – e de maneira muito mais unânime do que em relação às bebidas alcoólicas e a alguns outros assuntos sobre os quais os Estados Unidos estão agora emocionalmente mobilizados –, este ponto é o malefício do trabalho infantil prematuro e excessivo."

A cláusula comercial simples e ambígua era assim interpretada por conceitos artificiais de estatura idêntica: interferência direta, por oposição à indireta; transporte, curso recorrente ou um fluxo, por oposição à indústria local. O estado de Dakota do Norte não conseguiu ditar a regulamentação para os cereais comprados em seu território mas depois despachados e vendidos no mercado de Minneapolis[71].

---

71. Lemke *v.* Farmer Grain Co., 258 U.S. 50 (1922).

O "curso dos negócios (...) fixava e determinava o caráter interestadual da transação". O governo federal pôde regular os currais para guarda temporária do gado a ser abatido e vendido, apesar do caso *Hopkins*, porque "tais currais não passam de uma garganta através da qual a corrente flui, e as transações que ocorrerem em tais circunstâncias são apenas decorrentes deste fluxo do oeste para o este e de um estado para o outro"[72]. Uma greve de mineiros de carvão não seria matéria de comércio interestadual, mas poderia assim se tornar se a intenção e o plano que a presidiam lhe possibilitasse "um efeito direto, palpável e substancial para restringir"aquele comércio[73]. Além disso, havia a categoria de mercadorias ilícitas, apesar do retrocesso provocado pelo caso da lei do trabalho infantil. A categoria seria aplicada quando a Suprema Corte estivesse suficientemente impressionada com algum malefício, ocorrido talvez apenas após a conclusão do transporte, para associar este malefício à mercadoria. Menos de um ano depois do caso *Child Labor*[74], o ministro Day não encontrou dificuldades para aprovar uma lei que proibia a encomenda, a compra ou o transporte de bebidas alcoólicas para um estado onde a fabricação ou venda de bebidas alcoólicas fosse contra a lei. O fato de o ato federal, de uma certa maneira, ter ultrapassado a proi-

---

72. Stafford *v.* Wallace, 258 U.S. 495 (1922).
73. United Mine Workers *v.* Coronado, 259 U.S. 344 (1922).
74. United States *v.* Hill, 248 U.S. 420 (1919); ver Hamilton *v.* Kentucky Distilleries Co., 251 U.S. 146 (1919).

bição estadual, em alguns casos, foi irrelevante, pois o "controle do Congresso sobre o comércio interestadual não pode ser limitado por leis estaduais". As bebidas alcoólicas haviam, durante um certo tempo, se filiado à classe de mercadorias suspeitas. O raciocínio por analogia estenderia esta filiação.

A Lei nacional sobre o furto de veículos automotivos (*The National Motor Vehicle Theft Act*) conferiu um novo significado à categoria[75]. Valer-se do comércio interestadual para transportar um veículo sabidamente roubado passava a ser um delito. Obviamente, um automóvel, apesar de roubado, é algo que em si não faz mal. Em seu memorial, a defesa adotou esta linha de argumentação, afirmando: "Consideramos que, ao reconhecer a constitucionalidade da Lei sobre o tráfico de escravas brancas (...), assim como a da Lei de medicamentos e alimentos puros (...) e também a da Lei da Loteria Federal (...) esta Corte chegou ao máximo limite ao qual se admite que ela vá."[76] O memorial em questão tornava claro que, na opinião da defesa, a Suprema Corte havia ido longe demais. No entanto, o governo redargüiu à defesa deixando claro que "é tarde demais para pretender que, embora possa proibir e punir o transporte por intermédio do comércio interestadual de uma mulher (que em si não representa mal algum) simplesmente porque o homem responsável por seu transporte é movido por um propósito imoral, o Con-

---

75. Brooks *v.* United States, 267 U.S. 432 (1925).
76. Memorial da defesa 16.

gresso não tem o poder de fechar os canais de tal comércio ao transporte de veículos sabidamente roubados"[77]. A Suprema Corte, representada por seu presidente, o ministro Taft, concordou com o governo. O enunciado da regra tinha um caráter abrangente: "Decerto, o Congresso pode regular o comércio interestadual a ponto de proibir e punir o uso de tal comércio como um meio de promover a imoralidade, a desonestidade ou a disseminação de qualquer tipo de malefício ou prejuízo à população de outros estados, perpetrados pelo estado de origem. Ao agir assim, ele está apenas exercendo o poder de polícia, no propósito de beneficiar o público que utiliza o comércio interestadual."

O ministro Taft assinalou que o caso do trabalho infantil era diferente. "Os produtos oriundos do trabalho infantil e transportados para outros estados eram inofensivos e poderiam ser transportados adequadamente, sem causar nenhum tipo de dano a quem os comprou ou usou." Por outro lado, os casos de mercadorias ilícitas eram casos cuja "utilização do comércio interestadual havia contribuído para que a população de outros estados sofresse conseqüências funestas e (...) o poder do Congresso sobre o transporte interestadual nestes casos só poderia ser efetivamente exercido se o transporte em questão fosse proibido". Pôde-se, de fato, inferir que recaía sobre a invenção do automóvel toda a culpa:

---

77. Memorial dos Estados Unidos 2.

É do conhecimento geral a mudança radical que se operou no transporte de pessoas e mercadorias com o advento do automóvel. A velocidade com que ele se move e a facilidade com a qual pessoas mal-intencionadas conseguem evitar uma captura têm encorajado e aumentado a criminalidade. Um dos crimes que têm sido encorajados é o próprio roubo de automóveis e o imediato transporte para locais muito afastados do endereço do proprietário do veículo. A organização de quadrilhas especializadas no roubo e no sumiço de automóveis – e a conseqüente venda, ou outro tipo de negociação, desses veículos em outros estados – tem motivado o Congresso a elaborar métodos de frustrar o sucesso desses esquemas amplamente disseminados de latrocínio. A rápida passagem dessas máquinas de um estado para outro ajuda a ocultar o rastro dos ladrões, promove a entrada do objeto roubado em outra jurisdição e facilita a proliferação de esconderijos, onde o produto do roubo é vendido a bom preço. O que foi acima descrito configura uma distorção grosseira do comércio interestadual.

Esse estilo rebuscado foi utilizado por uma Corte que não se caracterizava por um espírito liberal em assuntos econômicos. Dois anos antes, ela havia apoiado a tese de que a legislação sobre o salário mínimo para mulheres contrariava o texto da cláusula processual[78]. Ao comentar a renúncia do ministro Clarke, em uma carta a ele endereçada, o presidente

---

78. Adkins *v.* Children's Hospital, 261 U.S. 525 (1923).

Wilson assim escreveu: "Tenho contado com a sua influência e a influência do ministro Brandeis para restringir a liberdade de atuação da Suprema Corte em determinadas medidas de curso extremamente reacionário que ela parece inclinada a adotar."[79] A Grande Depressão avizinhava-se. Por volta de 1933, "no mínimo treze milhões de pessoas estavam desempregadas"[80]. A Suprema Corte permitiu que o estado de Minnesota concedesse uma moratória hipotecária[81]. Permitiu que o estado de Nova York fixasse um preço mínimo ao leite, apesar da objeção do ministro McReynolds, sequer submetida à apreciação, baseada no fato de não ter sido indicado "de que maneira preços maiores impostos aos consumidores empobrecidos poderiam aumentar a receita dos produtores, quando existe uma produção excessiva e o preço de venda desses mesmos produtores não é tabelado"[82]. Os dois casos serviram como uma luva à revista *New Republic*, que aproveitou para comentar que "um dos subprodutos mais auspiciosos da Depressão são os ventos frescos do realismo que começam a soprar nas câmaras da Suprema Corte dos Estados Unidos"[83].

---

79. Baker, *Woodrow Wilson 117* (1937), citado em Frankfurter e Fisher, *Business of the Supreme Court at the October Term 1935-1936*, 51 Harv. L. Rev. 577 (1938).
80. Stern, *The Commerce Clause and the National Economy*, 59 Harv. L. Rev. 645, 653 (1946).
81. Home Building and Loan Ass'n *v.* Blaisdell, 290 U.S. 398 (1934).
82. Nebbia *v.* New York, 291 U.S. 502, 554 (1934).
83. 79 *New Republic 4* (edição de 16 de maio de 1934).

Entretanto, em 1935, a Suprema Corte declarou inválido o controle federal específico sobre a produção de petróleo[84]. Concedeu ao governo federal o direito de ab-rogar a cláusula ouro nos contratos privados, mas precisou enfrentar a dissidência do ministro McReynolds, que declarou: "O caos moral e jurídico que se aproxima é assustador."[85] Naquele mesmo ano, mais precisamente no mês de maio, a lei que "estabeleceu a aposentadoria compulsória e um sistema de pensão para todos os transportadores submetidos à Lei do comércio interestadual (*Interstate Commerce Act*)" foi considerada inconstitucional[86]. Seu âmbito ultrapassava a regulação do comércio, cuja atuação aparentemente limitava-se à promoção da eficiência e segurança na operação da rede ferroviária. Em seu voto, o ministro Robert propunha um exame corajoso de questões políticas e psicológicas. Considerou importante saber, por exemplo, que tipo de reação os ferroviários teriam à nova lei e até que ponto nutriam, se é que nutriam, algum sentimento de gratidão pelo empregador. O presidente do Tribunal Superior, ministro Hughes apresentou um voto dissidente, argumentando que "a consideração fundamental que sustenta este tipo de legislação é que a indústria deve tomar a seu cargo o desgaste humano (...) No direito, tal premissa se

---

84. Panama Refining Co. *v.* Ryan, 293 U.S. 388 (1935).
85. *Gold Clause Cases*, 294, U.S. 240, 381 (1935).
86. Railroad Retirement Board *v.* Alton R. Co., 295 U.S. 330 (1935).

traduz em regulações. Quando uma delas se manifesta no governo do comércio interestadual, com respeito aos seus empregados, também engajados no comércio interestadual, trata-se de uma regulação daquele comércio". Em um outro momento, ao aplicar o parâmetro da interferência direta ou indireta, a Corte considerou inconstitucional a tentativa do governo federal de regular o mercado granjeiro[87] do estado de Nova York, através da NRA*. O fato de se admitir uma interferência direta neste caso equivaleu a cercear os direitos dos estados. Ou, como definiu o ministro Cardozo, "se encontramos aqui um caso de caráter imediato ou de interferência direta, o encontraremos praticamente em toda parte". O presidente Roosevelt caracterizou as decisões como interpretações antiquadas da Constituição.

Em uma atmosfera cada vez mais tensa, o ministro Roberts, no ano seguinte, recorreu à Constituição para fundamentar suas críticas à tentativa do governo federal de reduzir a extensão de terras semeadas, através de arrendamento ou pagamento de subsídios, e descobriu que tal prática era inconstitucional[88]. A lei que o governo tentava implementar, apesar de disfarçar-se de uma cobrança de impostos, tinha o

---

87. Schechter Poultry Corp. *v.* United States, 295 U.S. 495 (1935).

* National Recovery Administration (órgão governamental instituído pelo presidente Roosevelt e destinado a estimular a recuperação da indústria através da adoção de práticas justas durante a Grande Depressão, como a regulamentação de profissões, de horas de trabalho e de salário). (N. da T.)

88. United States *v.* Butler, 297 U.S. I (1936).

intuito de "regular a produção agrícola", invadindo os direitos reservados aos estados pela décima emenda da Constituição. Foi utilizado aqui um exemplo característico de raciocínio por analogia, que lança mão de hipóteses. A Lei foi comparada a "uma dotação de verbas a uma instituição educacional, cuja liberação estaria condicionada a um comprometimento do beneficiário de ensinar doutrinas que subvertem a Constituição"[89].

Neste ínterim, o ministro McReynolds reconheceu o direito de o governo federal considerar crime o fato de um seqüestrador valer-se do comércio interestadual para transportar sua vítima. No caso, a vítima em questão era um policial[90].

Dois casos apresentaram um contraste marcante na interpretação da cláusula comercial. O primeiro foi o caso *Carter Coal*[91]. Mediante a fixação de um imposto e um sistema de crédito, o governo federal buscou "fixar um preço mínimo para o carvão em todas as minas dos Estados Unidos". Aos empregados foi concedido o direito de organização e barganha, conduzido de maneira coletiva. A lei, que estabelecia uma carga horária máxima e um salário mínimo, foi considerada inconstitucional.

Em seu memorial o governo a justificava, descrevendo-a como uma lei cujo intento era "remover as

---

89. *Ibid.*, p. 74.
90. Gooch *v.* United States, 297 U.S. 124 (1936). Ver Stern, *op. cit. supra* em nota 192, p. 671.
91. Carter *v.* Carter Coal Co., 298 U.S. 238 (1936).

cargas que pesavam sobre o comércio interestadual e eliminar-lhe os obstáculos". A relação causal entre salário e carga horária, tanto na indústria como no comércio interestadual, era direta. "Em muitas áreas, os salários constituem mais de 60% do custo total da produção e os custos remanescentes consistem de itens que oferecem uma pequena margem para reduções."[92] Mas, de qualquer modo, o governo tinha o poder de fixar os termos sob os quais era possível utilizar o comércio, assim como de regular e restringi-lo. O memorial dizia ainda que:

> Grande parte da legislação considerada por esta Corte como um exercício do poder de regular o comércio, longe de haver incrementado seu volume ou provido sua segurança, tem, de fato, destruído o comércio, ao estabelecer proibições que, sob todos os aspectos, não visam a incrementar seu volume ou prover sua segurança em outros artigos (...) A legislação não diz que o poder deve ser usado para garantir a segurança dos usuários de trens ou proteger os interesses de embarcadores empenhados em não ter de pagar tarifas portuárias excessivas ou preservar a moral da sociedade, ao considerar ilegal o transporte interestadual de mulheres que atravessam as fronteiras para praticar atos imorais, ou de salvaguardar a saúde da população, ao punir aqueles que se utilizam do comércio interestadual para distribuir alimentos ou drogas adulteradas.

---

92. Memorial dos funcionários do governo 37.

Com relação à Lei de alimentos e medicamentos puros, poder-se-ia alegar que seu objetivo era promover a saúde e que a Constituição, em nenhum de seus artigos e emendas, confere ao governo federal o poder, seja ele qual for, de promover a saúde; e sobre a Lei Mann poderiam recair as críticas de que seu intuito era instituir a moralidade, apesar de a Constituição, em nenhum de seus artigos e emendas, conferir ao governo federal o poder de instituir a moralidade; no que tange à Lei sobre o furto de veículos automotivos, poder-se-ia alegar que seu objetivo era impedir o roubo e que a Constituição, em nenhum de seus artigos e emendas, confere ao governo federal o poder de impedir transgressões à lei estadual. No entanto, em todos os casos acima citados, as referidas leis receberam o respaldo da Suprema Corte porque, independentemente de seus objetivos, constituíam, obviamente, regulações do comércio; e o fato de que seus respectivos objetivos eram, de um modo ou de outro, promover o bem-estar geral não as invalidava como regulações do comércio, mas, ao contrário, servia para explicar e justificar a regulação.[93]

O memorial advertia a Suprema Corte de que "nunca devemos esquecer que é a Constituição que temos de interpretar". "Sob nenhuma hipótese, o parâmetro apresentado por Marshall tem valor his-

---

93. *Ibid.*, pp. 127 e 136. Na p. 143, o memorial afirma: "O governo não enfatizou nem insistiu na autoridade de casos como o caso dos bilhetes de loteria, Hoke *v.* United States e Brooks *v.* United States porque eles ultrapassam aquilo que, neste caso, o governo necessita sustentar."

tórico. Ao contrário, requer uma interpretação da Constituição à luz das atuais circunstâncias (...).⁹⁴"

A Suprema Corte, por sua vez, manifestou apoio ao governo ao declarar que a "validade do imposto não se apóia no poder de taxação mas no poder do Congresso de regular o comércio interestadual". Já "não está aberto à discussão o fato de que o governo federal, ao contrário dos estados (...), não possui poderes constitucionais com relação aos negócios internos dos estados (...). Todos os caminhos que têm por objetivo alcançar a ilegalidade começam com um primeiro passo". Obviamente, as circunstâncias que conduzem à mineração do carvão culminam com ela e não constituem "intercâmbio com o propósito de comércio". Nenhuma distinção era mais popular aos leigos, afirmou a Suprema Corte, fazendo uma referência ao caso *Kidd contra Pearson*, do que "a distinção entre fabricação e comércio". O caso *Knight* também foi citado: "O comércio sucede à fabricação e não é parte dela." "Nem sempre é fácil definir se o efeito de uma determinada atividade ou condição é direto ou indireto", mas não se tratava de uma questão de grau. O relacionamento entre patrão e empregado era local.

O segundo caso a apresentar um contraste marcante na interpretação da cláusula comercial foi o caso *Kentucky Whip & Collar*⁹⁵. Nele se examinou a

---

94. *Ibid.*, p. 186.
95. Kentucky Whip & Collar Co. *v.* I.C.R. Co., 299 U.S. 334 (1937).

constitucionalidade da Lei Ashurst-Sumners, que considerava ilegal "transportar, conscientemente, no comércio interestadual ou internacional qualquer mercadoria fabricada por condenados pela justiça e introduzi-la em um outro estado onde ela é esperada (...) numa violação das leis daquele estado". Na opinião da Corte, a lei era constitucional. No entanto, sua constitucionalidade foi contestada com base na premissa de que a regulação era uma proibição. "É ponto pacífico (...) que o poder para regular através de proibição não pode ser exercido com referência a produtos comerciais úteis e inofensivos (...). Ao Congresso cabe ater-se apenas ao artigo em si. Sua atribuição limita-se a considerar o malefício inerente a ele e as características que o tornam prejudiciais, ou o uso maléfico ou prejudicial para o qual ele foi concebido."[96] A tarefa de detectar qualquer aspecto nocivo em rédeas e arreios para cavalos, artigos fabricados pelo querelante, era difícil.

Mas a Suprema Corte, em uma decisão unânime, replicou, mostrando como o Congresso poderia ligar o artigo a um mal previsto. A Corte vivia dias de grande tensão provocados pela votação da legislação do *New Deal* e havia se recusado a reconhecer a probabilidade de se prever qualquer malefício no carvão cuja mineração não seguia as regulações impostas. Naquele cenário conturbado, o presidente do Tribunal Superior conseguiu redigir um voto sobre os ar-

---

96. Memorial do querelante, 18.

tigos produzidos pela mão-de-obra carcerária, que quase retirou dos Anais o caso *Child Labor*.

"O mal previsto", disse ele, "pode advir de algo inerente ao objeto de transporte, como no caso de artigos nocivos ou virulentos que são inadequados ao comércio (...) ou pode estar no propósito do transporte, como ocorre nos bilhetes de loteria ou com o transporte de mulheres com finalidades imorais (...). A proibição pode ter como alvo levar a efeito as medidas do Congresso relativas aos instrumentos do comércio interestadual, como no caso das mercadorias de propriedade dos transportadores interestaduais (...). E, embora o poder de regular o comércio resida no Congresso, que tem o dever de determinar sua própria política, este mesmo Congresso deve adaptar tal política, tendo em mente que o transporte no comércio interestadual, se permitido, contribuiria para a derrota de leis estaduais válidas (...)." Veículos automotivos eram em si objetos de comércio úteis e adequados, mas o transporte de tais objetos realizado por um indivíduo que não ignora serem eles produto de roubo é "um abuso grosseiro do comércio interestadual". Mesmo as bebidas alcoólicas, no que tange ao comércio em questão, eram também artigos de comércio legítimos. O caso que envolvia a lei sobre o trabalho infantil, *Child Labor*, era diferente, pois "a Suprema Corte concluiu que a lei (...) tinha como objetivo a submissão do produto local ao controle federal". A categoria de artigos ilícitos, agora convertida na categoria de mal previsto, continuou a caminhar paralelamente à categoria de produção local. O caso *Carter Coal* estava inserido em uma; o caso *Kentucky Whip*, em outra.

O caso *Kentucky Whip* foi decidido em 4 de janeiro de 1937. No dia 5 de fevereiro daquele mesmo ano, o presidente Roosevelt propôs sua "reforma do Judiciário". O projeto previa o ingresso de um novo ministro na Suprema Corte para cada ministro que tivesse mais de setenta anos de idade. A maioria dos membros da Suprema Corte estava sob grande pressão. Ao se fazer um exame retrospectivo, tem-se a impressão de que os assuntos controversos fizeram com que a maioria se mostrasse menos receptiva a uma filosofia de maior responsabilidade governamental. Nos tópicos passíveis de suscitar um grau mínimo de controvérsia, como no caso dos automóveis roubados ou dos produtos oriundos do trabalho carcerário, foram concedidos poderes mais amplos, embora a ausência de controvérsia não significasse que tais medidas tinham a aprovação de toda a população. Estes casos eram convincentes sem uma mudança dramática de ponto de vista por parte da Suprema Corte. A longo prazo, parece agora que essa mudança era inevitável. Uma constituição escrita podia justificar o atraso; seus termos ambíguos dificilmente conseguiriam evitar as mudanças à medida que as pessoas passavam a ver os problemas sob uma nova perspectiva. As relações causais que justificavam a mudança poderiam na realidade não existir. As teorias econômicas explicitadas pelo governo no caso *Carter Coal* podiam ser pobres, mas foram aceitas. A aquisição de mais conhecimento, ou a sua falta, poderia fazer mudar o significado das palavras. Quando a mudança se instaurou, não precisou sequer ser justificada por um realinhamento de casos; a referência a uma Constituição "redescoberta" bastava. O plano de Roosevelt para o preenchimento da Suprema Corte tornou a mudança mais dramática, mas certamente não mais decisiva do que teria sido. Como escreveu o professor Beard em julho de 1936: "É inconcebível imaginar que o Senado conseguirá obter ministros, mesmo entre os juristas teóricos, que irão ver a economia e a Constituição com os olhos dos advogados de classe média de cerca de 1896."[97]

A mudança ocorreu no dia 29 de março de 1937. Neste dia, a Suprema Corte declarou válida a legislação sobre o salário mínimo do estado de Washington[98]; ela alegou que não era "necessário citar estatísticas oficiais para decidir aquilo que o senso comum, em todos os cantos do país, já percebeu". Declarou válida a aplicação da Lei trabalhista ferroviária (*Railway Labor Act*) aos empregados de oficinas de reparos. A decisão foi unânime. Referindo-se à resolução, aplicada aos casos das leis de acidentes de trabalho (*Employers' Liability Cases*), de que os trabalhadores informais estavam fora do alcance do poder

---
97. 87 *New Republic* 317 (edição de 22 de julho de 1936).
98. West Coast Hotel *v.* Parrish, 300 U.S. 379 (1937).

do comércio, o ministro Stone escreveu: "O que quer que possam dizer a respeito daquela resolução, é óbvio que o poder de regular o comércio depende tanto do tipo de regulação como de seu objeto. Para os fins que agora temos em vista, basta assinalar que a experiência tem mostrado que o fato de não se ter resolvido, por meios pacíficos, as queixas dos ferroviários relativas aos índices de pagamento, regulamentos ou condições de trabalho tem maiores probabilidades de obstruir o comércio interestadual do que a omissão em compensar os trabalhadores que sofreram lesões no curso de seu emprego."[99]

O Comitê jurídico nacional (*National Lawyers Committee*), "organizado sob os auspícios da Liga da liberdade (*Liberty League*) e composto pelos 58 membros mais importantes do *American Bar Association**, havia publicado um relatório abrangente, argumentando que a Lei Wagner** era inconstitucional e representava 'uma ruptura completa com as nossas teorias de governo calcadas na Constituição e na tradição'"[100]. No dia 12 de abril a Lei Wagner de relações trabalhistas (*Wagner Labor Relations Act*) foi considerada inconstitucional.[101] A Junta nacional de relações

---

99. Virginia Ry. Co. V. System Fed. n? 40, 300 U.S. 515 (1937).

* ou ABA.; no Brasil, a organização equivalente é a OAB, Ordem dos Advogados do Brasil. (N. da T.)

** Wagner, Robert Ferdinand (1877-1953). Político norte-americano de origem alemã. Senador pelo estado de Nova York, apoiou legislações sociais importantes durante a administração de Roosevelt, entre elas a *National Labor Relations Act* (1935). (N. da T.)

100. Steel, *October Term*, 1936, 12 Conn. Bar J. 51 (1938).

101. NLRB *v.* Jones and Laughlin Steel Corp., 301 U.S. 1 (1937).

trabalhistas (*National Labor Relations Board*) havia considerado a empresa siderúrgica *Jones and Laughlin Steel Corporation* culpada de práticas trabalhistas injustas por "discriminar trabalhadores sindicalizados, impedindo-os de serem formalmente contratados e adquirirem estabilidade no emprego" e por dispensar empregados, com a finalidade de enfraquecer a força sindical. O presidente da Suprema Corte resumiu os argumentos da empresa. "As relações e atividades industriais no departamento de fábrica da empresa do réu não estão sujeitas à regulação federal. O argumento repousa na proposição de que a fabricação em si mesma não é comércio." O governo replicou, mostrando um fluxo de comércio em uma fábrica. Mas não era necessário decidir o caso por analogia com casos de fluxo comercial. Contradizendo a linguagem usada no caso *Carter Coal*, o governo insistiu que "a questão é necessariamente de grau". Mostrou-se decisiva a constatação de que "a interrupção dessas operações, causada por conflitos trabalhistas, traria um efeito bastante sério sobre o comércio interestadual (...). Deixa-se iludir quem afirma que este efeito seria indireto ou remoto. É óbvio que ele seria imediato e poderia ser catastrófico".

Em maio, a Suprema Corte declarou constitucionais a Lei do seguro-desemprego do estado do Alabama (*Alabama Compensation Act*)[102] e a Lei federal de seguridade social (*Federal Social Security Act*)[103].

---

102. Carmichael *v.* Southern Coal Co., 301 U.S. 495 (1937).
103. Steward Machine Co. *v.* Davis, 301 U.S. 548 (1937).

O ministro Cardozo escreveu: "É tarde demais, em um momento de crise tão aguda como a que ora atravessamos, para ouvir com tolerância o argumento que condena o uso do dinheiro público para ajudar os desempregados e seus familiares porque isto equivale a perseguir um propósito que não coincide com a promoção do bem-estar geral." O ministro McReynolds, em seu voto dissidente, parecia caracterizar a opinião da maioria como uma "nuvem de palavras" e "um desfile ostensivo de estatísticas irrelevantes". Pouco depois, a Corte entrou em recesso. Seu corpo de magistrados começou a sofrer uma renovação. Cinco novos ministros foram nomeados em um período de três anos. A Suprema Corte havia sido reestruturada. O ministro Frankfurter, mais tarde, anunciou "uma mudança importante na doutrina constitucional (...) depois de uma reconstrução em seu corpo de magistrados". Mas disse, em seguida, que "mudanças de opinião como esta não devem derivar de um simples julgamento pessoal. Elas devem estar em sintonia com as necessárias exigências de continuidade na sociedade civilizada. Só se pode justificar uma modificação radical de uma longa corrente de decisões se ela tiver suas raízes na própria Constituição como um documento histórico, construído para uma nação em desenvolvimento"[104]. As velhas categorias e a mesma técnica jurídica permaneceram.

---

104. Graves *v.* New York, 306 U.S. 466, 487 (1939).

As cláusulas de registro da Lei das *holdings* (*Holding Company Act*)[105] e da Lei do leite desnatado e modificado com óleos vegetais (*Filled Milk Act*)[106] foram declaradas válidas em 1938. Ambas baseavam-se no poder do governo federal de fechar os canais do comércio interestadual. As companhias que não se registraram perderam o direito ao uso dos serviços oferecidos pelo comércio interestadual, entre eles, o uso do serviço postal. A *holding* que não pretendia submeter-se à lei e recorreu à Justiça operava em 32 estados e utilizava-se do comércio em questão. Suas subsidiárias transmitiam energia através das linhas estaduais. Os casos da loteria, da cláusula de mercadorias, do policial seqüestrado e dos artigos produzidos por mão-de-obra carcerária mostraram que "quando o Congresso sanciona uma regra válida, cuja finalidade é manter sob controle aqueles que se utilizam do comércio interestadual para efetuar suas transações, pode negar àqueles que violam a regra o direito de se celebrarem tais transações". Esta decisão não teria causado surpresa, mesmo antes da reestruturação da Suprema Corte.

O mesmo se aplicaria ao caso do leite modificado. O ato do Congresso proibiu o carregamento e transporte através do comércio interestadual de compostos do leite desnatado que contivessem qualquer óleo ou gordura distintos da gordura natural

---

105. Electric Bond and Share Co. *v.* SEC, 303 U.S. 419 (1938).
106. United States *v.* Caroline Products Co., 304 U.S. 144 (1938).

do leite a fim de ser comercializados como creme de leite, ou como o próprio leite. Parecia claro agora que o Congresso estava "livre para excluir do comércio interestadual artigos cujo uso nos estados a que estavam destinados" ele considerava "nocivo para a saúde pública, a moral e o bem-estar geral (...) ou contrários à política do estado destinatário". Os indícios provavam que "o uso do leite modificado, como substituto do leite natural, é geralmente nocivo à saúde e propicia a oportunidade de se ludibriar o público consumidor". As investigações do ministro McReynolds em torno do fundamento racional da legislação do *New Deal* não haviam angariado simpatias. Não parecia claro que se tratava de uma questão de atribuição da Suprema Corte. No entanto, o ministro Holmes havia buscado o fundamento racional da Lei Sherman; o ministro Hughes havia livrado as noções de "falso" e "fraudulento" do campo da especulação. O ministro Roberts havia examinado a psicologia dos ferroviários. Agora, o ministro Stone parecia estar de acordo que tal investigação era correta: "Com vistas ao caso em questão, devemos partir do princípio de que nenhum julgamento de uma legislatura pode impedir que se impugne a constitucionalidade de uma proibição pela mera aplicação de epítetos denegridores aos atos proibidos." Para a maioria, ficou evidente que uma base racional era fundamental. Apenas o ministro Black apresentou um voto dissidente.

O caso *Mulford contra Smith*[107] deixou patente a reformulação da Suprema Corte. Como resultado do caso *Butler*, uma nova lei havia sido aprovada, permitindo ao Ministério da Agricultura fixar cotas para a comercialização do algodão, do trigo, do milho, do tabaco e do arroz. O ministro Roberts considerou a lei constitucional, sem se reportar ao voto que dera ao caso *Butler*. A Lei de alimentos e medicamentos puros, a Lei Mann e os casos dos automóveis roubados e dos bilhetes de loteria serviram de respaldo para que ele afirmasse: "Qualquer regra (...) que impeça o fluxo do comércio de causar dano ao povo desta nação insere-se na competência do Congresso." Aqui também havia um "fluxo de comércio" e uma "garganta na qual o tabaco se reúne ao fluxo do comércio: o depósito onde é armazenado para a comercialização". Não se tratava de controlar a produção. As palavras eram as mesmas, mas o resultado, diferente. Apenas o voto dissidente do ministro Butler evidenciava o critério adotado no passado. O caso *Butler* havia mostrado que a décima emenda da Constituição não permitia que o Congresso controlasse a produção agrícola. Aqui, "punir a venda é o equivalente exato de punir a produção do tabaco". Estava-se diante de uma proibição total do comércio; e os casos que tratavam de artigos ilícitos, de adulteração de produtos, de propósitos imorais, de roubos de automóveis e de seqüestros não davam

---

107. 307 U.S. 38 (1939).

"sustentação à idéia de que o Congresso tem, de forma geral, o poder de proibir ou limitar a seu bel-prazer o transporte no comércio interestadual de milho, algodão, arroz, tabaco ou trigo". O voto dissidente assemelha-se ao argumento exposto por Carter no caso *Carter Coal*.

No caso *Os Estados Unidos contra Darby*[108], a mudança resultou no repúdio às decisões dadas aos casos *Child Labor*. A lei que estabelecia a adoção de práticas trabalhistas justas (*Fair Labor Standards Act*) operava em parte através da proibição do embarque e transporte no comércio interestadual de artigos fabricados por trabalhadores cujos salários fossem menores do que o salário mínimo ou cuja a carga horária semanal fosse maior do que a máxima permitida. O voto do presidente do Tribunal Superior tornou claro que as decisões sobre os casos *Child Labor* haviam sido equivocadas e que, não tendo de ser seguidas, podiam agora ser revogadas. Era como se não tivesse havido nenhuma mudança recente e sim um engano em 1918. Sem dúvida, poder-se-ia dizer que, a partir do caso dos bilhetes de loteria, até se chegar ao controle sobre a comercialização dos produtos agrícolas, a aceitação da regulação governamental através da proibição adotou um ritmo regular e progressivo. Os casos *Child Labor* constituíram uma exceção a esta linha. Mas a Suprema Corte havia oscilado muitas vezes depois de adotar uma visão pro-

---

108. 312 U.S. 100 (1941).

gressista no caso *Gibbons contra Ogden*. Em uma data muito anterior, o ministro Story tinha escrito: "As doutrinas e veredictos da 'velha Corte' estão a cada dia perdendo terreno (...). As doutrinas da Constituição, tão vitais ao país e que, em outras épocas, receberam o apoio de toda a Corte, não mantêm mais sua ascendência."[109]

A revogação do caso *Hammer contra Dagenhart* foi conseguida de maneira apropriada ao se fazer uma referência à Constituição como um instrumento vivo e em constante evolução, se os casos refletem tal condição. Sob este aspecto, os advogados de ambas as partes deviam ter ficado satisfeitos. O governo havia se dedicado a uma análise exaustiva do significado da cláusula comercial, assinalando, como aparentemente não tinha feito em memoriais anteriores, que, na época da Convenção, "lexicógrafos, economistas e autores usavam o termo 'comércio' para se referir não apenas aos limitados conceitos de venda e permuta, mas para incluir toda a economia monetária, que abarca a produção e fabricação assim como o intercâmbio". Mas o governo teve também o cuidado de assinalar que "os homens que se reuniram na Filadélfia não criaram um instrumento adequado para fazer frente unicamente às exigências de sua época; eles perceberam que a Constituição devia ter relevância em um 'futuro remoto', que

---

109. ² Warren, *Supreme Court in U.S. History 139, 140* (1932), citado em Moore and Adelson, *The Supreme Court: 1938 Term*, 26 Va. L. Rev. I (1939).

traria em seu bojo contingências (...) de natureza ilimitada (...)"[110]. O advogado de Darby usou de uma certa franqueza ao declarar que "a Constituição desafia uma análise lógica" e defendeu o uso de uma "glosa forense"[111]. Incluídos na glosa forense estavam os casos que ocuparam um lugar de destaque nas sessões da Suprema Corte: bebidas alcoólicas, tráfico de escravas brancas, bilhetes de loteria, produtos adulterados, artigos roubados, pessoas seqüestradas, mercadorias oriundas de mão-de-obra carcerária e leite modificado. Estes casos cumpriram sua função; talvez agora pudessem ser postos de lado, pois, como disse o presidente do Tribunal Superior, apontavam para uma diferença entre coisas intrinsecamente prejudiciais ou dotadas de alguma propriedade deletéria, por um lado e, de outro, as mercadorias restantes; tal distinção "era uma novidade quando de seu surgimento e não encontrava respaldo em nenhuma cláusula da Constituição". Na realidade, tratava-se de uma distinção que havia sido há muito abandonada. O raciocínio por analogia havia expandido a categoria até chegar ao ponto de incluir mercadorias comuns.

---

110. United States *v.* Darby, Memorial dos Estados Unidos II.
111. Memorial da defesa II.

Capítulo V

Os exemplos empregados para ilustrar a linha de raciocínio legal nos campos do direito jurisprudencial, da interpretação de leis e do direito constitucional estão relacionados. A categoria "coisas de periculosidade intrínseca", do campo do direito jurisprudencial, e a idéia de "mercadorias nocivas em si", do campo do direito constitucional, são, de certo modo, o mesmo conceito. A escravidão branca pode ser incluída nele. O histórico da evolução gradual da categoria "intrinsecamente perigosa ou nociva" é o histórico da expansão de um conceito através do raciocínio por analogia, até chegar a um ponto em que ficam incluídos artigos anteriormente considerados inócuos. Tal evolução é o reflexo de um período no qual se consideravam apropriados o controle governamental crescente e uma responsabilidade individual cada vez maior. Nenhuma teoria econômica ou social específica foi responsável pelo fenômeno, embora a sociologia tenha se mobilizado para explicar, de modo persuasivo, as mudanças ocorridas no estilo de vida da sociedade. A sociologia, então, tornou-se útil para explicar as relações entre os acontecimentos. O ponto de vista da sociedade mudou[1]. Não pode ter sido planejado; apenas aconteceu.

As teorias legais não eram um reflexo exato das teorias sociais. A responsabilidade do vendedor sobre um artigo anteriormente considerado inócuo não foi ampliada porque alguma teoria econômica preconizou que esta seria uma medida apropriada. Ao contrário, o desenvolvimento de invenções fez com que se tornasse difícil distinguir, quando o raciocínio por analogia era empregado, entre máquinas a vapor consideradas insólitas e perigosas no passado e máquinas que se moviam e haviam se tornado objetos comuns. Uma mudança nos métodos de venda e na vida social tornava difícil distinguir entre o que havia sido um pequeno grupo conhecido que circundava o vendedor e o vasto mundo externo. Já que não podia mais ser sentida, a diferença desapareceu. De forma similar, no desenvolvimento de uma constituição, o incremento das transações comerciais e das comunicações fez com que atividades anteriormente remotas e locais se tornassem assuntos de

---

1. Muitas pessoas se impressionaram com o que elas consideraram um novo senso de responsabilidade. Ver, por exemplo, Sidney Webb, *Social Movements*, na *Cambridge Modern History* 765 (1910): "O fiandeiro de algodão de Bolton, em 1842, não tinha necessidade de conservar saudáveis seus filhos ou sua casa; a esposa podia, com absoluta impunidade, deixar seus bebês morrerem. Enfim, todos os moradores estavam livres para viver praticamente do modo que lhes bem aprouvesse, mesmo se a casa estivesse infectada ou desmoralizasse a vizinhança."

âmbito nacional. Por exemplo, quando um trabalhador em Nova York chegou à conclusão de que seu salário dependia do padrão de vida na Geórgia, verdade ou não, uma mudança fundamental havia ocorrido[2]. E, com a crescente preocupação por assuntos que haviam sido remotos e locais, começaram a desaparecer as distinções anteriores entre vizinhos dentro ou fora do estado.

A ênfase deve ser colocada no processo. O estabelecimento de uma oposição entre a lógica e a práxis do direito é um desserviço para ambos. O raciocínio legal tem uma lógica própria. Sua estrutura se ajusta para dar significado à ambigüidade e para verificar, constantemente, se a sociedade veio a perceber novas diferenças ou similaridades. As teorias sociais e outras mudanças na sociedade se tornarão pertinentes quando a ambigüidade tiver de ser resolvida em um caso particular. Também não se pode dizer que o resultado de tal método é incerto demais para ser usado como força de lei. A força da lei é

---

2. United States *v.* Darby. Memorial dos Estados Unidos 58-59: "À medida que os mercados dos fabricantes se expandiram além das fronteiras dos estados, os processos técnicos adquiriram um significado comercial mais amplo. O aprendiz de um sapateiro morador de Nova York, em 1810, apenas teria uma curiosidade desinteressada pelo salário pago a um aprendiz em Baltimore. Hoje, o operário de uma fábrica de sapatos em Massachusetts sabe que seus proventos refletem a escala de remuneração em Nova York, na Geórgia, no Maine e no Missouri. Se o resultado deste fenômeno é a ampliação do campo da legislação federal, a causa não é uma mudança no espírito da Constituição, mas o reconhecimento da grande expansão do número e importância das transações interestaduais, que são agora inseparáveis, em termos econômicos, do comércio interestadual, isto é, da unificação do nosso sistema econômico em âmbito nacional."

clara; a explicação para isto é que a área de dúvida é constantemente exposta e detalhada. A área provável de expansão ou retração é prenunciada à medida que o sistema funciona. Este é o único tipo de sistema capaz de funcionar quando as pessoas não chegam a um consenso. A lealdade da comunidade é direcionada à instituição na qual ela participa. As palavras mudam para receber o conteúdo que a comunidade lhes outorga. O esforço para se chegar a um consenso geral antes que a instituição do raciocínio jurídico comece a funcionar simplesmente não tem sentido. Equivale a esquecer a essência da razão pela qual a instituição foi moldada. Isto deveria ser sempre lembrado, num mundo que se ressente da ausência da lei.